翻轉學

翻轉學

翻轉學

翻轉學

THE POWER OF

PASSIVE INCOME

MAKE YOUR MONEY WORK FOR YOU

實現財務自由的
被動收入計畫

不再用時間、勞力換取金錢，
打造自動賺錢的多重開源大全

南丁格爾—科南特集團 Nightingale-Conant —— 著

葉子——譯

目 錄 CONTENTS

好評推薦

「現代斜槓青年必讀書籍！讓錢為你賺錢，學會如何跟錢做朋友！」

—— 游庭澔，財經專欄作家

「想在有限的時間中創造無限的人生，就透過此書的七大祕訣，開啟你的財富自由之門吧！」

—— 陳逸朴，小資 YP 投資理財筆記

推薦序
真正的財務自由，從被動收入開始

—— 羅伯特・布萊（Robert W. Bly），行銷與被動收入專家，
《數位行銷手冊》（*The Digital Marketing Handbook*）作者

　　我認識的大多數人，基本上都只有一份收入。通常他們有朝九晚五的工作，以時間換取金錢，或是自己經營小型服務公司或零售事業，也是以時間換取錢財。不管是哪種事業、工作或專業，若是必須實際進行工作才可領薪，都是「主動收入」。舉個例子，牙醫常說：「牙不鑽，齒不填，荷包就沒錢。」即使收入頗豐，牙醫也得工作，才可獲取報酬。萬一他們不工作，就沒錢可賺了。這就是主動收入的缺點。

　　在本書裡，你可以找到其中一種方式，擺脫朝九晚五的職場較勁。方法就是：開發一種或多樣的「被動收入」；就算不工作，也會有錢賺。你可以去打高爾夫、帶小孩去迪士尼樂園玩、釣魚，或僅是偷懶休息一下。有了被動收入，不須親身付出勞力，依然擁有穩定的現金流。

　　比方說，你擁有一棟公寓建物或多戶式住宅，並雇請物業

管理公司進行管理，每月向房客收取租金，輕鬆不費力。同樣的，如果你是投資人，以每盎司*10 美元的價格，購入 10,000 盎司的銀條，長抱不賣，然後在價格達到 30 美元時賣出，你就賺到 200,000 美元的被動收入利潤，同時還能悠哉坐在遊輪甲板上，或是在法國度假。

這就是為什麼大多數富人擁有多重被動收入，而你也該如此。本書要教各位：**如何建構一項或多項被動收入，以此達到真正的財務自由。**

多年來，我已經有多重的被動收入，包括本書目錄所列的許多項目。就我個人而言，我最大的被動收入來自我的線上事業，主要是在網路上出售資訊產品。

幾週以前，某週四晚上 6：00 左右，我查看電子郵件信箱，收件匣沒有重要信件。於是，我和家人前往全家人最愛的韓國料理餐廳，享用簡餐。大約八點多，回到家時，我再次查看電子郵件信箱，發現了一件事：就在外出用餐的時候，有兩位顧客分別向我下單訂購多樣資訊產品，正好就在我吃晚餐的時間。

訂單總額高達 1,079.65 美元。

這不算一大筆錢，也不夠使我變成富豪。但是，一般年約 30 歲到 64 歲之間的美國人，年收入約是 50,000 美元，或週

---

* 1 盎司相當於 28.3 公克，也就是約 0.03 公斤。

薪約 1,000 美元。這意味著，多虧了我其中一項被動收入，我在短短兩小時內，就能賺到一般美國人的同等週薪金額！不須親身付出勞力，即可賺到不錯的一小筆金額。不必開會、打電話、踏進辦公室，雖然辦公室就在我家。

我說這些，並非大肆吹噓，而是要指出重點：我堅信各位應該要有多重收入，而其中至少一項（最好是大多數或全部）是被動收入，原因有兩點。

第一，雖然朝九晚五的工作薪資穩定可期，但我在一夜之間賺到這筆 1,079.65 美元的訂單，諸如此類的事可說是意外之財，也是令人愜意的驚喜。意料之外的版稅、佣金、紅利、炒房買賣獲利、股票大漲或有大筆線上訂單，構成了我的每一天。許多類似我這樣的個人企業家，也說自己的生活正是如此。

第二，更重要的是，假如你能夠開發一項被動收入，產生六位數的年收入，並且不必固定主動付出日常勞務，即可達到某種程度的財務保障，而這些是你 95% 的朋友、親戚和鄰居絕對做不到的事。

我並非貪財奴或一切只想到錢。我從事自由業，長時間經營文案寫作事業，這是我首要的主動收入；出於熱愛，我將盡可能長久從事此道。

不過，建構了第二種六位數的網路事業被動收入，只要我願意，光靠這份收入，就能體面過活，明白了這一點，使我深感舒適愉悅。只要遵循本書的建議，你將會發現，如何解放自

我、重獲自由，不需要屈居他人之下辛苦工作，過程中不再幫別人賺錢致富，而是讓自己成為有錢人。

前言
你能用多少時間換取金錢？

　　歡迎閱讀「創業家媒體」（Entrepreneur Media）呈現的這本書。這是我們第一次與南丁格爾－科南特（Nightingale-Conant）集團合作，讓你獨家一窺，創造被動收入所需要的實證技巧。

　　南丁格爾－科南特是世界最大的影音節目製片商，在個人發展內容方面具有世界領先地位。這份現成的指南是來自南丁格爾—科南特集團，旨在使你的收入最大化、壓力等級最小化，人生無時不刻盡量獲取絕大部分利益，同時還能與人分享「創業家」品牌令人信服的訣竅、祕訣、技巧。這是勝利組合，但願能助你致勝。

　　這些目標深具雄心壯志，且讓我們停下腳步看看，人生何事真正最具意義，以此起頭。現實狀況裡，多數美國人一年到頭耗費更多時間，更加辛勤工作，而非花時間從事其他活動。你或許可與家人來一趟單日海灘旅遊，甚至可以度假兩週，但就人生整體背景脈絡而言，這些只不過是插曲。總體來說，日復一日、月復一月，大多數人勤奮工作。更有甚者，在過去二十年來，我們花在工作上的時間比例驟增。比起以往的工作

15

方式，且相較於世界其他國家，美國人和亞洲人是工作狂。也許我們不喜歡工作，或甚至從未停下來思考，但這就是 21 世紀的工作模式。

當然，如果要談論工作，就必須瞭解「工作」的意義。對大多數人來說，定義相當清楚。這無關你的職業是腦科醫生、木匠、計程車司機或出庭律師；事實上，工作確實是「以時間交易金錢」。有時，這項交易勝過其他交易，此話不假。有些人利用自己的時間賺到不少錢，而其他人賺到的錢較少。不過，比起以下基本的整體事實，這些差異都很淺薄：大多數人出賣自己的時間與勞務或技能，以此填滿這些時間。道理就這麼簡單。

但問題是無人有永無止境的時間可出售。實際上，每個人擁有完全一樣的時間額度，差別在於能夠出售時間換取多少金錢。終其一生，我們接受良好教育、發展獨特技能，特別辛勤工作，以此增加收入。我們在所選職業裡力求精進、盡可能抬高市場身價，但遲早會達到極限。總有一天，我們就再也無力工作了。

如果你已到這般程度，或甚至隱約可見自己的將來，本書正是為你而寫。你將學會某些經過實證的賺錢方式，擺脫時間與行事曆的限制。**與其盡量找到買家而出售自己的時間和才華，倒不如每日無時無刻，都有買家前來找你**。這就是「被動收入」的真義。本書通篇詳述此道。不過，並非是收入具有被

動性。收入其實很有主動性，一如你可賺取的那樣主動。「你」才是被動收入裡真正的被動要素，因為你只要收錢就好。

事實上，一旦備妥真正到手的被動收入，你僅需要收錢即可。說真的，這需要花時間和精力達成，但你確實能從被動收入達到完全的自給自足。許多人熱中此道，而你也可以辦到。

如何使用本書

先說說本書不會談論的事。本書並非包羅萬象、按部就班、百科大全的指南，書裡沒有鉅細靡遺列出各類被動收入的機會。坦白說，你所讀的每個單一選項皆可獨樹一格，成為一本入門書。但關於如何成功經營被動收入副業，礙於篇幅，尚不足以涵蓋所需採行的每項步驟。

更確切地說，本書詳述被動收入的生活方式，**協助你評估自己的個人目標，為你介紹某些最佳的被動收入成功之道。**你將瞭解打造被動收入需要什麼必備心態，以及定義清楚「你想要什麼」，並選擇一種被動收入模式來達成，讓你的生活方式產生有利的影響。我們還會教你各式被動收入的賺錢方法，並建立長期計畫，讓你永遠擺脫辦公室隔間，去打一場高爾夫球、搭飛機旅行或前往海灘度假。最後，我們還會提到長期策略，毫不費力建構財富，確保你能長期在沙灘度假。

現在，靜下心，泡杯咖啡，拿本筆記，準備探索被動收入的力量！

第 1 章

財務自由的真正關鍵：
被動收入

有許多方式被動收入可為你工作，在瞭解這些方式之前，先談談被動收入力量背後的基本原理。且讓我們以「被動收入」的名稱開始。「被動」一詞有時給人不好的印象。我們受到激勵，要積極主動參與自己的人生，而非被動讓生活宰治我們。這話很有道理，也是實用的遵循規則。畢竟，你才是自己命運的主宰，也只有你能成功達成一切。

然而，只要談及賺錢，被動賺錢反而有某種力量。換句話說，**就是要以最少的心力，讓你荷包滿滿，樂趣大增**。一旦設定好，擁有一項收入（甚至兩、三項），使你在從事其他事務時，還能為你帶來錢財，這樣不是很棒嗎？當然！假如你有一項收入，可為你進行大多數工作，那麼你就能夠花時間，與摯愛的人從事喜歡的事。這就是被動收入的力量！

令人詫異的是，絕大多數的人甚至不知道被動收入的存在。如果你是其中之一，你努力工作賺錢，而且為了賺更多錢，你可能認為必須更加勤奮工作。既然現在有大好良機，瞭解自己如何看待事物，何不試圖激進改變觀念；姑且稱為「典範轉移」（paradigm shift）吧！這不僅是要改變賺錢方式或收入所得方法，而是要澈底改觀你對金錢本身的看法。要以全新方式，看待財富與成就。

現在舉個例子。或許，你是以金錢數目來看待財富。先考量一個短暫的假想情境。假設史密斯先生有 2,000 萬美元，所以他很富有；瓊斯先生負債 20,000 美元，因此他不屬於富人。

但數字只是數字，並非代表真正的財富，也不一定就是匱乏。至於此處目的，我們要求各位**撕下財富的價格標籤**。**與其以數千、數百萬或數十億美元的視角來思考，我們要談的是自由、成就感和創造力**。這不是說你不必賺更多錢，因為你勢必還得賺錢。然而，由於你已學會運用前所未有的方式看待金錢，你將會賺到更多錢。

弄清楚「為什麼想要更多收入」

在本書裡，我們會較常提問且回答有關如何行動的問題。比方說，我們會提到你可做什麼事來經營網路事業，或如果你想從不動產開源，需要做哪些事。不過，一開始仍要先問一些「為什麼」釐清動機。一旦有先好好回答這些問題，日後你用來打造被動收入的工具和攻略技巧會更有效。

所以，問問自己，**為什麼想要更多收入**。對大多數人來說，這個問題有點多餘。想要更多財富，這種觀念早已根植於心，不是嗎？雖然俗話說：「環肥燕瘦，赤貧鉅富，過猶不及，皆非好事。」但若仔細思考，錢財本身就是永無止境地追求。渴求財富，不僅是手裡握著大把鈔票而已。就某些人而言，金錢意味著有管道取得個人物質上的享受，無論是一艘大型遊艇、精緻手錶、坐擁豪宅等。對其他人來說，財富意指安全保

障，不必擔心房貸或子女的教育費用，所有事都稱得上財富。

財富的新意義

然而，我們想用稍微不同的方式，**思考何謂財富**。至少建立被動收入之初，你的目標將有別於其他財務目標。

簡言之，我們要達到的目標是「自由」：擁有自由後，不再需要賺更多錢、更勤奮工作、努力出賣時間掙得更高薪的職務。創造被動收入，將可緩解這般壓力。**一旦壓力減輕，你將有更大的自由，做出人生關鍵的決定，無論是在財務或其他領域都是。**

或許你正擔任某個職位，必須應付接踵而來的每項任務。基於某些理由，或擔心錯失薪酬，你可能不願轉職或改行。在你心裡，或許你仍有遠大的財務希望和夢想，但現在卻屈居人下，受人奴役。**你被困在「以時間換取金錢」的框架，而在這樣的框架內，你的選項非常有限。**建立被動收入可帶你跳脫框架，以自由取代生活牢籠。**不再僅是達到財務上的收支平衡，而開始做出自己的財務選擇。**

這是極為重要的一點，所以務必確保你清楚瞭解。擁有崇高的長期財務目標，確實很棒，但若你的單一收入僅能勉強維持目前的生活方式，就很難達成這些目標。被動收入為你帶來

解放，更有衝力追尋自己的目標。我們所談的被動收入，是能將概念本身變成重大的收入來源，這點無庸置疑。但他們起初都是「自由」的源頭。被動收入給你自由，細看財務人生大局、察覺機會、立即採取因應行動。

找到你的自由

到目前為止，你的觀點可能產生重大轉變，開始以此看待被動收入。在「以時間換取金錢」的方程式裡，大多數人終其一生，努力掙得高收入，認為高收入就能致富。但若開銷甚大，高收入幾乎毫無價值可言。眾人依舊愈加辛勤工作，出賣時間換取金錢，但這種方式並非有錢人過的生活，不論收入數字多大。

這導致第二項的觀點轉變。我們曾說，被動收入起初的目標即是「財務自由」（financial freedom）。如果你像大多數人一樣，那隨著時間推移，就能漸進達到這個目標。或許你無法立刻離職，甚至可能不想放棄工作，但隨著被動收入增加，你對工作的依賴就會日漸減少。當然到了最後，被動收入讓你根本不需要工作。你仍可選擇工作，但情況已經不同，再也不是被迫而為。

重點是要達成這件事，不僅端視被動收入金額而定，也會

取決於開銷方式。為了協助理解這一點，有個確立已久的職場行為原理，稱作「帕金森定律」（Parkinson's Law）。這個原理指在工作能夠完成的所需時限內，特定工作量會一直增加，直到所有可用時間都被填滿為止。如果有兩週的截稿期限來完成一份報告，絕大多數的人將會花費兩週的時間來完成，不是因為他們需要這麼多時間，而是因為他們有這麼多的時間。假如僅有一週完成報告，或有一個月時間進行，他們也會在時限內完成。

對絕大多數人而言，開銷方式也是同樣道理，或幾乎完全相同。如果我們有 100 美元，我們會想辦法花掉 100 美元，甚至 110 美元。**我們的心態是要達到即刻的滿足感，所以只要能有手段滿足自我，鐵定去做**。不過，要是能夠擺脫這類心態，其實就可能開始累積財富，縱使收入低到嚇人。

擺脫債務無底洞

在進一步說明之前，要先探討某項議題。這很重要，因為有數百萬的美國人受其影響。某位創業家如此形容這樣議題：「當我得知被動收入時，迫不及待想要著手進行。但有個問題是，我沒有任何營運資金（Working Capital），真的完全沒有。我的信用卡債還超過 20,000 美元。很顯然事情頗有難度。首要

之務即是擺脫這個無底洞。」

　　縱使你全面加速其他各方面的進展，消費債的無底洞（尤其是信用卡債）可能癱瘓你的財務。你可能志得意滿、才智出眾、富有創意，還兼具其他能力，但若每月都需要還債，即無法擁有小額的初始投資本金。要創造被動收入，不需要太多資產，但確實需要一些錢。若還得拿錢繳付信用卡帳單，你將無力負擔起財務自由。**被動支出如同被動收入一樣真實，而信用卡債就是終極的被動支出。**所以，且讓我們迅速一探如何擺脫卡債。

　　第一步，請稍微誠實自我評估。許多人對消費債感覺很糟，以致於根本不清楚欠下多少錢。**他們寧可不去想，僅是每月繳付帳單，之後就將卡債拋諸腦後。**然而，這樣無法使卡債消失。請現在就開始，先判斷到底欠了多少錢。金額可能看似駭人，不過一旦明瞭要處理的每分、每毛錢數字是多少，其實可以寬心不少。有數百萬人與你共乘一艘卡債之船，或許這認知能讓你略感安慰。但從今天開始，請務必跳下這艘船。

　　消費債最大的其中一項挑戰即**債務累積速度很快，但要花不少時間才可擺脫債務。**短短幾秒內，你可能就欠下 1,000 美元卡債，然後被困在債務裡，長達數月或多年。真相是，戰勝債務是一種漸進式過程，一開始可能似乎特別緩慢。不過，千萬要有信心。過程中將會開始浮現跡象，逐漸產生加乘效果。並且，務必切記：**只要擺脫被動支出，你的被動收入選項將於**

焉展開。縱使起初並未察覺，你也已經日漸接近被動收入呈現的自由感。

一開始進攻債務時，請盡量消除不必要的開銷，這很重要。換句話說，若身負債務卻想創造被動收入，最佳方法即是擺脫被動支出。也就是說，在你睡覺時，這類的每月支出一直帶走你的錢，所以一定要消除這些繳付款項，包括信用卡債利息、車貸、任何其他可能不斷產生的帳單等。此時此刻，你想重整生活方式，將每月支出額降至絕對極小值。把這個想成作戰行動，而非永久狀態。只要遵循計畫，挽回一切且成果豐碩，全都指日可待。屆時你真的就能負擔得起所有事物了。

我們不會花太多時間討論債務議題，因為事實相當容易理解。這真的沒有任何祕訣，解決辦法就是一般常識而已。**先從最高利率的債務著手，縮減信用卡購物或完全消除開銷，以較低利率帳戶代償高利率債務，每月努力至少多付兩倍最低應繳金額**。將這項過程想成「致力成功」的試煉，隨著債務縮減，營運資金將會增長。幾個月後（可能不需多年），可能早在你發現之前，你就已經有所需的儲備金，真的可以用來建構被動收入。

投資你的儲備金

　　關於需要多少錢才可開始創造被動收入，如果你想要有確切數字，其實 5,000 美元就差不多夠了。記住，你用多一點錢或少一點錢開始都可以。不過對大多數人來說，一旦擺脫全部債務，5,000 美元是可行的初始投資額，所以我們用這個數字開始進行吧！一旦你有了這般金額，用來進行初步投資，創造被動收入，那你確實已經準備啟航了。假定現在你已處於這樣的階段，要將我們討論過的原理謹記在心。

　　首先，**財富並非依據金錢數字而定**。其次，我們容易散盡家財花費開銷，不論是以消費購買力或消費債方式進行。在零售市場機制裡，這些原理不僅影響我們日復一日的經歷，還會影響投資行為。

　　舉例來說，大家開始預存退休金時，不難看到他們通常把目標訂為 100 萬美元。眾人持續把錢存入 401(k) 退休福利計畫，或是其他投資工具裡，直到達成 100 萬美元的目標為止。然後，可能發生幾種不同情況。某些人認為他們有這麼多錢，於是開始花掉本金。剛開始可能還不會花太多，但後來愈花愈多。這其中存在某種自我破壞機制。類似情形也常折磨樂透贏家。研究顯示，在兩年後或更短時間內，許多中獎人會花光自己的頭獎彩金。

　　然而，假設沒有花光多年積累的這筆百萬美元。就算把錢

拿去買存股或購入債券來產生股息,給付額都相當低。若選用保守策略,也就是大多數顧問建議的作法,所賺盈利預估大約每年 5%;換算後,每月將近四千美元。這筆數目相當可觀,肯定有助於達成我們所說的財務自由類型。不過,如果終其職涯,你所做的全是投入資金到個人退休帳戶(IRA)裡,那你就得被奴役數十年,以此為代價,才可能迎來自由。在本書裡,我們要教各位,如何打破這種情況,而且還不增加風險。

管理你的收入和期望

在被動收入方面,關鍵是「不必工作,也有生活所需的錢財金額」。顯然,這裡要考慮兩項因素:如何將收入最大化?如何管理支出?如果你的品味極盡奢華,所需的金額顯然就要更大,務必要覺察這樣的事實。這不是說,你現在非得住在紙板箱裡,後來才可從被動收入獲利;但你也不該期待買得起私人飛機。若有人的說法與此大相逕庭,肯定是在騙你,本書唯一要做的就是誠實以告。

簡單地說,**終極目標就是要使被動收入大於開銷支出額。**一旦達成,即有自由,花時間盡情去做任何事,而且依然繳得起帳單費用。如果願意,你還有自由選擇繼續工作,只為了得到實質成果,而這一切自不待言。**你不必費力而為**,這正是目

標所在。只要明白如何以力使力，運用既有的收入（以及其他
資產，例如時間），就可以達成。

增加資產，但不增加風險

　　關於創造被動收入，務必謹記「槓桿作用」（leverage）這
一詞。在財務術語方面，「槓桿作用」是指**有能力倍增資產，
而不增加投資額或風險**。對於一開始沒有多少資本而想建構被
動收入的人來說，這尤其重要。

　　有很多方法可以進行槓桿作用。且讓我們以不動產為例，
本書後半部將會討論更多不動產細節。諸如羅勃特・清崎
（Robert Kiyosaki）與鮑伯・艾倫（Bob Allen）之類的暢銷書作
者，全都厥功甚偉，教導大家如何在這方面開發被動收入。

　　他們指出，僅用 5,000 美元首付款買下要價 100,000 美元
的房子，並非不可能。也就是說，你可以發揮槓桿作用，以
5,000 美元換來 100,000 美元資產的掌控權。假如這間房子每年
增值 5%，12 個月後，你的投資額即可回本，然後在接下來的
每一年，你將持續獲益 5,000 美元。

　　不僅如此而已，在不動產方面，還有不少其他變項可供運
用。假設你能夠買下單戶房產出租，且不需要首付款，你也找
到房客支付足夠租金，可涵蓋每月開銷支出。或許無法賺到太

多現金流，卻有大好機會，這間房子會增值，而到了年底，你已用租金償付了部分房貸。透過槓桿作用的力量，除了簽名之外，你不需要進行投資，即能獲得可觀資產。

如同金錢，**時間也可發揮槓桿作用**。既然解放你的時間是其中一項重大目標，關鍵技巧在於要明瞭箇中作法。有幾項方式可以利用時間。比方說，你可以雇請一名員工為你工作，或甚至多名員工。

似乎在能夠開始雇用員工前，必須先有前程似錦的實質事業，但並非盡然如此。假設有個名叫理查（Richard）的成功創業家，在開始雇請員工而打造收入時，他幾乎沒有存貨。他既無辦公室，也沒有名片。他僅有一本非常老舊卻迷人的烹飪書，購自跳蚤市場。理查把書拿到一家全套服務式印製廠，複印幾本裝訂成冊的書。他甚至為書加上封面，設計精美卻不昂貴。然後，在當地某所大學報紙上刊登一則小廣告。廣告內容說，他要找學生兼差打工，進行遊說兜售。還說學生可望獲得極佳薪酬，也可自行安排時間。截至當時為止，他的總支出大約只有 150 美元。

顯然，從廣告即可看出工作與推銷有關，雖然如此，理查獲得眾多回應。這項推銷十分低調，真的堪稱「遊說兜售」而已，況且工時彈性，非常吸引大學生。在面談應徵者時，理查跟他們說，工作內容很簡單。每位學生都會拿到一本烹飪書。然後，他指示這些學生，盡量接觸更多潛在顧客，接下來提供

特價銷售。每位潛在顧客可先拿到這本書，留在身邊使用一週。一週結束後，這位潛在顧客可用 15 美元當場買下這本烹飪書，但假如他剛好找到另外兩個人選，這兩人都想用 15 美元購買烹飪書，那位原始潛在顧客即可免費保留該書。就大學生這方面而言，其實並沒有牽涉推銷事宜。他們僅需盡量向更多人描述這份特價銷售即可。然後，長達兩週的時間結束，他們就能保留以各式方法所賺到的 20% 金錢。

這項成功計畫極其驚人。理查很快就賣掉幾百本書，而他只要打電話給印製廠，訂購更多書。不過，只有在實際接到訂單後，他才會請印製廠複印書籍，所以依然沒有庫存問題。大學生受到高額佣金激勵，都很有創意，也積極進取。他們目標是要成為辦事處的頂尖員工，許多人在咖啡館兜售，有些人甚至挨家挨戶推銷，親自拜訪退休人士或在家照顧小孩的家長。

不久之後，理查已能夠雇用更多員工，深入城市的邊遠地區。事實上，他不需要支付任何實報實銷的成本費用，而他的時間也很快發揮百分之百的槓桿效益。他甚至不需親身初次面談新員工，他授權給其中某位初創時期的學生員工進行。

理查發揮時間的槓桿作用，創造一道被動收入，所作所為效果恢弘，也顯然兼具「低技術」。他雇用活生生的人，為他四處奔走，進行工作。有了複印技術即可成功，就算是在 20 年前或甚至 50 年前，理查的事業也沒有理由不能生意興隆。

還有許多其他低技術選項，可供各位運用時間與金錢的槓

桿。不過，高技術選項可能更加振奮人心。比方說，只要明瞭網路被動收入的策略和戰術，即可擁有幾十項收入，幾乎沒有任何開銷支出、不用員工，就連敲鍵盤時間也極少。這是第 3 章的焦點。我們將會看到，某些偉大富豪如何以網路當作被動收入工具，展開事業；並且還要進行探索，因為光靠模仿前人，無法構築成功之道。對於自身興趣充滿熱忱，才能創造成就。

你將探索何事能真正引起你的興趣，也就是你真正喜愛什麼。然後就會看到，這件事如何在網路為你賺錢，縱使在睡夢中也有錢進帳。不過，首先請務必釐清，如何終結使你裹足不前的循環，才有辦法創造專屬的被動收入計畫。

第 2 章

擺脫要工作才有錢的
財富觀

　　有許多方式可以打造被動收入，但所有的方式都要先翻轉觀念，而且必須愈快愈好。關於錢財與用法，務必從根本面做起，以全新方式開始思考。

　　現在，讓我們一窺「被動收入」與傳統「以時間換取金錢」模式間的 5 項基本差異。隨著你閱讀每項要點，問問自己，你抱持什麼立場。有幾項不同的可能性，比方說，關於被動收入的理念，你可能已經完全接收。若非如此，你需要超越目前心態，而這需要由你進行某些創意思考。一路研讀接下來的章節，精確自我評估非常重要。那麼，在我們看過本章的 5 項要點後，將可明白，這些要點如何連結下一章的主題，也就是創造網路被動收入。

被動收入 vs. 花時間換金錢

　　很多人說：「可是這都是收入！收入就是收入，都是要被花掉的！」這句話沒錯，但也不對。首先，如果這些人不支持你，也不認同你想讓自己過著更好、更富有的生活，那麼，請把他們拋諸腦後吧！這是你的旅程，不是他們的旅程。由於這是你的旅程，你的計畫必須以「己欲之事」為前提，使被動收入作為核心，為你工作。謹記此點，讓我們來看看這兩種模式之間的 5 項差異，以及這些差異如何與你的目標產生關聯：

1. 聚焦在你所知與所愛時，被動收入運作成效最佳。另一方面，傳統模式則是聚焦在市場需求。

2. 被動收入意指，賺得的錢財金額並非緊繫工作時數。在「以時間換取金錢」模式裡，如果工作 6 小時，即得到 6 小時的薪資。但有了被動收入，所賺利潤不是直接經由投入時間而產生。

3. 在傳統模式下，人人理應盡力辛勞工作，就理論而言，愈是勤奮工作，賺到的錢就愈多。不過被動收入最重要的目標之一，是要盡可能減少工作量。被動收入金額與工作時數沒有直接關聯，既然如此，擁有自由不再工作，這項目標本身就合乎邏輯。

4. 以時間換取金錢，意味著所能產生的收入額有其限度。這種限度端看你的工作行業而定，可能更高或較低，**但一定有某種極限**。公司法律顧問可能一小時就賺 300 美元，可是一天內，依然只有這麼多時間。然而，若有成功的被動收入事業，就能名副其實毫無限制，財源滾滾而來。

5. 在傳統的「以時間換取金錢」範本裡，目標是要在漫長的工作生涯後達到退休。可能要耗上 20 年、30 年，或甚至更長的歲月，但這項計畫是要積聚足夠資本，讓你停止工作。這項資本可能以養老年金或退休基金的形式，回流到你身上。不過，你已累積的這筆錢可撐持度

日。有了被動收入，如果你選擇提早退休，目標當然是要盡快停止工作。你可能想要繼續從事全職或兼職的工作，但並非基於收支平衡而不得不為。**你已創造的收益流足以支撐生活，且不是憑靠養老年金或退休金的固定收入。**事實上，你的被動收入恰好應是非固定性的。這些收入理應持續增長，不僅提供財務自由，也為人生各方面提供更多選項和機會。

關於致富，其中一項最饒富意味的事是每人各有其道，對此有混雜難解的感覺，而他們甚至沒有察知自己有這樣的感覺。當然，人人皆想致富，但在致富慾望之下，通常潛藏著某種程度的潛意識衝突。我們是否認為，有錢人就是好人？大家通常不這麼想。況且，不論我們是否意識到這一點，大多數人寧可當好人而非富人。

一個人不靠務實勞力而賺得財富，並成為有錢人，世間道理對此普遍存有強大的負面觀感，深植於我們對財富的印象。儘管如此，我們要談的是，如何不費力工作，即可由被動收入帶來收益？這豈不是一樁美事？

你的財務信念決定賺錢方式

對於錢財與賺錢方式，你是否真正探索了自身信念？如果你像絕大多數人一樣，那你就是在隨波逐流，盲從這些信念。換句話說，經歷多年時間，你吸收了整個社會先入為主的既有信念。一如前述，其中一項概念是「工作本身即是報酬」。其他則是普遍的「物資不足」匱乏意識，或是「災難可能隨時降臨」的恐懼意識。

重點在於，你的成長過程可能伴隨「金錢很危險」或甚至「錢財是萬惡之源」的概念。若情況如此，那你或許沒有太多機遇為人生帶來巨額財富。但不管你信念是什麼或來自何處，你都有力量創造新的信念，成就自己的財務目標。

請別誤解了。你不需要先逐步解決道德危機意識，才會覺得為增加額外收入能心安理得。不過，你應當瞭解，這般概念截然不同於整個社會根深柢固的財富觀。比如說，「工作本身即是報酬」此項概念。基本上，這是說不論賺錢與否，人類能從勤勞工作獲益。就個人精神發展面而言，或許沒錯，但一旦論及某人的財金狀況，工作本身肯定不是報酬。

關於被動收入，我們可以說出更加極端的陳述。以數學術語來說，僅用幾個字就能極端陳述：工作與被動收入成反比例。換句話說，假如你花很多時間工作，你的被動收入可能很低。但若你所花的工作時間極少，被動收入反而可能很高，而

且是愈來愈高。所以，基於此目的，請欣然接受「辛勤工作不一定是成功之道」這項概念。

打造新觀念，避免自我毀滅

現在讓我們來看看，人們對金錢抱持哪些自我破壞信念，要如何以新觀念打造實質財富，取代這些自我破壞信念。

其中一項最廣為流傳的信念是「錢很難賺」。對一般人來說，賺錢很難又很複雜。非得成為像比爾‧蓋茲（Bill Gates）那種天才，對吧？但事實真相是，有數百萬人都很有錢，而在不久的將來，有數百萬人也會致富。你可以成為其中一員。**只要你想做，就可以辦得到。**

也有許多人告訴自己，不願多想金錢的事。他們可能喜愛擁有更多錢，卻不想真正注重金錢。他們認為，或許只要不真正集中心力在錢身上，人生自然有財富滾滾而來。但就現實而言，不論是否願意，我們皆須思考錢財。身上的錢愈少，更需多加思考理財。人人都得繳付電費帳單、房貸、小孩學費，以及千百項待繳費用。所以請切記：被動收入並非盡頭，這些被動收入是工具，解放你的財務自由。一旦自由了，可依你意願，不再思考金錢事宜。或者，你也能比以往更加瞭解財務，而且是以全新角度。但你並非是被迫做出這些選擇，你可自行

決定金錢在人生所占的位置。

另一項常見信念是賺錢牽涉運氣，或需要特殊能力。這種概念是「致富全靠機運」，事關天時地利人和；僅需好運即可致富，如果不夠幸運，就無能為力。可是任何領域皆有頂尖人才致富，難道這些人是光憑運氣扶搖直上嗎？棒球選手擊出全壘打，只是因為幸運接到好球？撲克牌好手贏得世界冠軍，只因手裡握有好牌？機運占有一席之地，此話不假，但你要有能力抓住沿路而來的大多數機會。

把賺錢想成一種遊戲，肯定很有用，但除了丟擲骰子外，還有更多事要做。賺錢遊戲極富挑戰性和樂趣，一旦學會如何遊戲，樂趣更多。最棒的事莫過於，你甚至還能讓賺錢遊戲自行運作，這正是被動收入的精髓所在。

不用勤奮工作求取每分每毛，這種賺錢方式無關對錯，也不代表俗不可耐，你的致富不會有損他人。世界上充滿豐富機會，能有機運善加利用，我們應該心懷感恩。想要成功致富並非錯事，這是完全自然的事。既然你是好人，你會把錢用於良好目的。所以，你賺得錢愈多，世界將會變得更好。

在自我與財務成就間，人們自設障礙，現在我們已經闖過這些潛意識關卡，準備開始一探究竟，瞭解人類有史以來最扣人心弦，建構被動收入的媒介。沒錯，後面的敘述很長，卻是網際網路存在的確切意義。

第 3 章

門檻最低的電子商務

開始著手被動收入策略，就跟登入電腦一樣簡單。建立簡單的部落格網站，內含廣告或聯盟行銷，或是架設某個商業網站，販售數位商品或實物產品。網路充斥用來賺取被動收入的無盡商機。

提到網路事業，如果你有的經驗僅是順手登入頁面，瀏覽一般公司資訊或網路購物，那麼你必須趕緊做些事，才可迎頭追上。對於習慣傳統商業模式的人而言，通常要經歷一番學習，不過，這類學習內含非常重要的事實。沒錯，在許多方面，網際網路化事業（internet-based business）可能與傳統的實體業務（bricks-and-mortar business，亦即上述的「以時間換取金錢」模式）大不相同；但在某些方面，卻不如你所想的那樣不同。關於網路商務，**要先明白何事不獨特**，唯有如此，知曉何事獨特，才起得了作用。

所以，要如何孵育自己的網路點子？任何領域的成功企業創立，差不多有兩種基本方式，網路事業也不例外。第一種方式眾所周知，有兩、三人坐在廚房餐桌前，努力想出絕妙致富方法。基於某些緣故，這種事鮮少是由單人發想而成。他們通常彼此相識一陣子，也瞭解對方的長處與短處。以 Google 為例，Google 的創始人是一對朋友，也就是謝爾蓋・布林（Sergei Brin）和賴利・佩吉（Larry Page）。他們深知主占優勢的搜尋引擎有利可圖。網路搜尋引擎並非他們最愛的嗜好，相反地，搜尋引擎只是工具，他們想用來建構財富。結果真的奏

效了！

　　但結果並非總是奏效。Google 一鳴驚人，大家競相仿效，有數百萬個傻瓜殫精竭慮，卻毫無進展。這也就是為什麼，每當有人說「我有個絕妙點子，可以賺進大把鈔票」，通常身邊的人就提出警訊。點子絕妙，如果原因僅是你認為可以賺很多錢，你可能兩方皆輸。它很有可能賺不了多少錢，也可能不是絕佳點子。

駕馭你的興趣，化為力量

　　現在，來思量開創企業的第二種方式。順道一提，這種方式的局面較為激勵人心。不同於「兩人發想致富點子」的劇情，這種方式通常只牽涉一個人，也就是你自己。一開始，請先捫心自問幾項簡單問題：

- 我真正感興趣的是什麼事？
- 我熟知的是什麼事？
- 我關心的是什麼事？
- 我熱愛的是什麼事？

　　起初，你所提出的解答其實沒那麼重要，重要的是這些問

題給你正面能量。假設你對 19 世紀棒球員的職涯統計數字頗感興趣，這倒是不錯，把這件事記下來。1886 年，由誰擔任美國穆德維爾（Mudville）棒球隊的一壘手？或許你以為，可能沒有其他人在乎這件事，但實情會令你大感意外。至少差不多有 10,000 人跟你一樣，對舊時代的棒球故事很感興趣。

現在不同之處在於，你有辦法找出這些人是誰，你幾乎能夠立即聯絡他們；而且還有良好機會，把這項聯繫轉為一項被動收入。或許有一天，你會因此致富，但也可能不會。不過，這確實有助於達成你的財務目標；也就是說，讓你有更大的自由，可以專注在其他事情。記得創造被動收入時，「自由」才是首要目標。

以下說明如何著手進行，這裡就得切入網際網路了。一旦辨識出你的獨特興趣，即可在網路搜尋該項興趣的每個相關連結。可以找看看，是否有任何棒球狂熱分子社團，而這些人想穿 19 世紀球隊制服來打棒球。你也可以搜尋誰對棒球統計學有興趣，這樣的族群其實頗為龐大。你能看出哪些網站觸及你的興趣，縱使僅在些許方面簡略提到，你也能夠存取這些會員的資料庫。

此時此刻，**請先思索你的興趣有什麼獨特性，而非思考興趣的規模**。100 年前，亨利・福特（Henry Ford）希望美國家家戶戶皆有一輛福特 T 型車（Model T）。1980 年代，比爾・蓋茲（Bill Gates）說，微軟公司（Microsoft）的目標是要使美國

每戶人家都有個人電腦。這些都是偉大點子，精妙絕倫，而且獲利頗豐。但這些點子較難發想出來，也較為複雜，因為潛在顧客更為多元化；可能需要辛苦一點，才能找出共同興趣。或許你還必須創造出原先不存在的興趣。

不管情況怎樣，你的點子一開始可能規模很小，但不代表賺不了錢。況且，你的點子可能遠比自己所想的還要偉大。因此，一旦辨識出你的興趣，然後進行某些研究，即已準備好開始打造被動收入。在「你對什麼事感興趣」與「別人對什麼事覺得有趣」間，你已準備就緒，建立關聯。是時候來一次大翻轉，有時很簡單，有時卻很難。但可以確定的是，你愈能敏銳瞄準點子，就愈容易把它轉變為某種程度的被動收入。

選擇適合自己的網路生意

第一次開始時，試圖選擇「入行門檻」最低的網路生意。如果你強烈需要短期的現金注入，以便逐步加大長期成功的網路收入，那這一點尤其真確。基於這項理由，在大多數時間裡，關於如何創造網路事業，有絕大部分解答密切攸關你是否開始銷售服務或產品。

人人各有不同的決定性因素。你是否具備某種技能，知道箇中訣竅，可以輕鬆自由接案？是否與特定市場有關聯，可快

速啟動你的心力，在該項產業銷售某項產品？是否已經開發某項產品，卻不知道如何行銷？每個人的處境不同，所以對你而言，最聰明的起始方式也是與眾不同，這點很合乎情理。

聽起來或許很傻，可是有許多人並不清楚哪一種網路生意擁有最低的門檻，這也不是他們思考的事。人類容易全神聚焦於某項點子的研究和分析，卻極少評估自我，不細思眼前機會是否完美與他們契合。且讓我們考量兩項問題，評估哪些機會最適合你，使你做出最佳的可行決策。

切記，答案無關對錯。不管你現在選了什麼，都不一定是永恆不變或獨家專有。我們建議，根據你的直覺本能來回答。誠實才是上策，所以請挑選你最能成功達成的網路收入。

以下有兩道問題，旨在協助辨識哪些選項最吸引你：

- 自己當老闆，將天賦才能發揮最大作用，為自己工作，準備好利用網路賺錢；你喜歡這樣的想法嗎？
- 設立一項網路收益，擁有由你營運管理的事業，卻不一定是靠你的技能組合來賺錢；你喜歡這樣的想法嗎？

你發現什麼？答案讓人訝異嗎？現在，你是否認為自己應該擔任自己的被動事業負責人，而非受雇於人，也不是白手起家，新興事業創業家？如果是這樣，在這場遊戲裡，你又往前

邁進一步，因為你能夠區分並瞭解哪一項最吸引你。

評估個人技能、資源和生活風格

有人擅長評估自我，有人精於評估機會。然而，大多數人需要一些指引，以發現哪些機會最適合自己；一提到選擇網路事業，也需探索自己的目標。

在這項新的網路被動收入冒險裡，假如要達到最佳自我，即要誠實面對自己的長處與短處。請睜開雙眼著手進行，明白自己專精與短缺之處，以及何事毫無商量餘地。

每個人的天賦才能

人人皆具有謀生技能。你的謀生技能不一定需要與所選的網路事業種類相關。組合自己的天賦才能，分享到網路上，或評估不同機會，與潛在的事業夥伴或投資人一起合作，即使清單很短，你都能更快評估需要雇用或取得什麼，才可成功，不論當下是否切合實際。

每件事皆需列入考量。請根據事實列出清單，不帶任何情緒。盡量寫下來，縱使你不理解某項特殊技能或經驗如何有利可圖。

47

找出你與自身技能的關聯性

現在，你已公正客觀列出天賦才能，請依照你對每件事的喜愛程度，給予評等。在每項天賦才能旁邊，以「一級到五級」列出評級：

1. 我熱愛進行這件事。
2. 這並非我的首選，卻是我的專長，若不得不為，我就會去做。
3. 態度中立，有無皆可。
4. 雖然專精此事，卻不想長時間進行。
5. 我寧可做其他事，也不要從事這項技能。

為何這很重要？展開自己的事業時，將面臨許多始料未及的波折。不管計畫多好，一旦你將自己置身於某種角色或身負重任，困窘境況可能比你預期的還要久。

此外，大多數具有創業家心態的人，至少在一開始都曾遭遇困難，因而放下自己善盡的責任。但某部分被動收入的成功之道正是如此。若相信無人跟你一樣成就此事，因而認定絕對無法跨越障礙，才是真正的妨害。務必實事求是，瞭解自己的優點，這麼一來，如果最後發現要花更多時間培養技能，你的事業或生活方式才不會飽受折磨。享受自己的所做所為，才能更快速有效地處理事情，也普遍較快樂。

察覺哪些技能可以推上檯面，以及你對每項技能有何感覺，有助於做出長期和短期的決策，並確立目標。你會清楚明白必須雇請什麼人，也可協助你評估，需要打造哪些領域的被動事業？是否需要透過融資或要使用自己的辛苦錢？也可幫你決定是否採行外包或合夥，這些將大大影響你如何看待時間表和過程，取決於你想運用本身技能，親手做多少事，還有想要外包多少事給別人。

嗜好、熱忱和經驗也很重要

擔任網路創業家，是振奮人心的一件事。但要注意：想有最低門檻的路徑，通常必須集中心力在已經很熟悉的主題。靠網路賺錢，讓人感到興奮不已；而利用自己興趣，透過網路賺錢，甚至能更有動力。如此一來，你不再覺得工作是件苦差事。出於這項緣故，請列出你經歷過的嗜好、興趣和主題，這招真的很有幫助。評估其中某些點子時，若能察覺你在哪些利基或產業已有某些進階知識，對你更有助益。

每項興趣都很重要。大多數（但並非全部）的事情都能謀利。準備好列出自己的清單，以下提供幾項想法，幫助你腦力激盪：

- **嗜好**：是否有非常熱中的嗜好？可能你喜歡跳肚皮舞或駕駛帆船，或是沉迷《要塞英雄》（*Fortnite*）（或譯為堡

壘之夜）之類的大型多人線上角色扮演遊戲。喜歡賽犬嗎？為一群媽媽經營幼兒共學遊戲小組？你是藝術家？從事任何運動？喜好旅行？攝影狂熱份子？懂得裁縫？任何領域的興趣在網路上皆能引人關注。

- **教育：**是否具有學位，或任何方面的證書？是心理學的學位？有執照的陪產員？在其他方面，曾經接受認證或培訓計畫嗎？

- **專業：**曾經是護理師或目前是護理師？是否曾任牙科保健醫生？是否曾在花店工作，可以做出變化多端的花卉設計？是否有活動規畫的經驗？曾斷斷續續從事不動產業務？

- **日常生活：**你是時尚達人？追蹤音樂界時下潮流？對政治有興趣？是家長？是公司主管？酷愛蒐集優惠券？

還有不少例子，可以發想創意，點燃動機。若你對某事非常熱中或有興趣，為數眾多的其他人也是如此。

評估你的財務資源

為了貢獻心力到你的新事業，要先評估你擁有多少財務資源。可能你現在腦海不斷響起一個聲音「如果我有多餘的閒錢，我就不需要讀這本書了」，以此句子來回應任何建議。所以，在談論有多少錢或沒多少錢可用之前，我們先一言為定，

請透過練習，學會如何思考財務。

　　盡量擁有更多錢，這並非讓人反感。不論年收入是 30,000 美元或 3,000 萬美元，人就是會為錢煩惱。但如同本書第 2 章所言，請試圖與金錢產生正面關聯。只要你把焦點放在缺少什麼，以及身負多少壓力和緊張感，那麼，你就無法充分活在當下，評估如何能夠改善境況。

　　「要先拿錢出來，才可以賺錢」，或許你對這句話並不陌生。這段話以某些方面而言並沒錯，**但不代表你一定要從口袋裡掏錢出來，才可賺到第一筆錢。**在這裡為你加油打氣，沒錯，幾乎總是要先花錢才可賺錢，**不過有許多方式，可讓你以極少的初始投資額，展開前程。**也就是說，萬一出於必要或選擇，隨著你打造網路的被動收入計畫，你該盤點自己能夠汲取什麼資本。

　　清楚瞭解可以汲取何種資源，能使你正確評估機會，才不致於陷入麻煩無法脫身，以免到頭來的境況比起初更糟。這也可以奠定計畫基石，一旦價值連城的奮鬥目標自行浮現，即可創造所需金錢。最後，就算資源有限，也可確保應用方式產生重大影響力，不斷朝著「永續獲利」的目標往前邁進。

時間，是最珍貴的資源

　　到目前為止，在你擁有的物品裡，「時間」最為珍貴，廣受喜愛。打造網路事業，需要花費時間。或許你不認為時間是

一種貨幣，可是，在網路努力賺取被動金錢之際，**絕對要把時間看成貨幣**。對大多數人而言，時間比金錢更寶貴。必須將時間視為真正的寶藏。

在現實裡，為求創造被動網路事業，你每星期可花多少時間？一週可以擠出一小時嗎？兩小時？五小時？更多時數？

知道了有多少時間致力此事，依然不足；還要有計畫，明白從何處找出時間，這點也同樣重要，甚至更重要。

如果機會充足，你能否暫時多花一些時間，投入心力，創造網路事業？請記住，若答案為「否」，也可令人接受。重點在於，你瞭解自己有什麼資源可用，且如果有必要或選擇要做，你將如何取得這些資源？

以極少資源展開事業時，人類會犯下思考錯誤，認為金錢比時間更有價值。但情況較有可能是**為了賺錢，犧牲時間較為容易，因為你根本沒有管道取得更多現金**。並不是人較不重視時間，而是他們的目標很重要，足以短期犧牲寶貴時間，才可長期換得更多自由。

如何保持生活平衡

你的平衡能力並非永無止境，人人皆如此！忙碌使人疲勞，愈想平衡更多操煩事項，就需要更有耐心，這也是必要的寶貴素質。可將「正面積極」、「技能處理」、「精力能量」添加到清單裡。在人生各方面，這些能力也都至關重要。

　　該如何保持平衡？如何知道何時不平衡？有效的作法是，一提到維持平衡，請寫下對你而言何者最為重要；倘若人生已偏離平衡，且方式令你無法接受，也請寫出發生哪些事可當作警訊。有時為求夢想起飛，你選擇了短期失衡的生活方式，與時間和資源賽跑。這倒是還好。重點是要經過深思熟慮，並刻意而為。

找出神隊友

　　誰是你的支援？配偶？摯友？或愛犬？他們能維持你的平衡與快樂嗎？有誰可以仰賴？有誰發出響亮的理性之聲，在情勢緊繃時，幫你評估所作所為與行事方法？每個人都需要有支持系統，縱使焦點是在賺取被動收入，而非主動收入。所以，誰是你的神隊友？

阻礙成功的關鍵因素

　　最後，想想你的致命傷或極限在哪。人皆有之，或許你不想耗費週末時間在網路事業上，因為假日屬於家庭時刻；或你明白，經營網路事業，只是想賣互惠貿易商品。我們全都有自己的要求和極限，毫無商量餘地。要知道自己的極限，千萬別妥協。

　　至於哪些關鍵因素有礙成功，我們已討論不少。比方說，撥出願意投入的時數到網路事業，但如果需要不斷投入更多時

間，那這可能不適合你。畢竟，最終目標是要擁有被動收入。

所以，你對何事絕不協商？有哪些個人極限？這點特別重要。一頭栽入新的被動收入事業，行至途中，才幡然醒悟情況無法改變時，多麼令人沮喪。請明瞭自己的極限，並絕不對此讓步半分。

請保持簡單的策略

在你滿腦子想著要做何事，開始進行網路事業，以及該項事業要如何融入你的生活方式時，你就可以設定策略了。提到讓網路為你工作，「被動賺錢者」與「夢想成功者」間有何區分？首先，請考量整體策略觀點。有了任何創新，即會出現興趣週期，歷經幾項階段。

舉個例子，在 20 世紀初，電影首次出現，光是看到螢幕上有一隻馬在跑，觀眾就覺得目眩神迷。但情況迅速變得更加複雜。眾人想看故事，也希望看到電影明星，大家還想看到彩色影像。一旦彩色畫面出現，黑白影片就成了塵封往事。網際網路初次開展時，眾人也十分驚奇，居然有這種東西存在。電子郵件和即時傳訊看似奇蹟。但如同電影的歷程，網際網路也面臨同樣遭遇，且時間更短。這項技術起先看似奇異非凡，很快就被視為理所當然。換句話說，**你的策略必須不斷演進，必**

須做足準備，改變路徑，能在極小空間內來個急轉彎。

在打造網路被動收入方面，你學會了什麼？難道要精心製作網站，華麗點綴，吸引注意力？乍看之下，或許似乎有理。畢竟，人皆喜愛刺激，給大家一些刺激，有何不可？

答案為「否」，原因有兩點。第一，除非預算沒有限度，否則不該僅從技術面創造網站，以此擴獲眾人目光。依照當今現況，目不暇給的網站比比皆是。因此，**「少即是多」的簡約主義規則，肯定適用目前情形。** 開始探索網路賺錢的方式時，你必須列出優先順序，並將技術問題簡化至最低程度，也要將成本降至最低。「縮減開銷」通常立意良好，況且，把錢投入網站技術面，不一定帶來報酬。成立部落格或建構登錄頁面，有許多方法；可利用平台空間，充分實現你的需求，例如：Squarespace、WordPress，還有其他簡易上手的網站製作平台，也可滿足你潛在顧客的需求。

辨識你的客群

現在，請準備好辨識你的客群到底是哪些人。可依照 3 種不同分類辨識客群：客觀衡量（objective measure）、主觀衡量（subjective measure），而第三項即是所謂的「預期顧客行為」（expected customer behavior, ECB）。且讓我們按照順序，細看

這三項分類。

客觀衡量

　　基本上，客觀衡量是指可透過實際數字，說出客群的任何資訊。比方說，對於你提供的商品，能否判定有哪些年齡層的客群會最感興趣？回顧一下前述「舊時代棒球」的想法，思考什麼樣的顧客族群人口，可能促進你網站大多數點閱率？可找出有多少人，曾造訪你因興趣致力而為的網站。也可找到有多少人，曾以「早期棒球」或「體育運動史」等詞語搜尋網站。不過，就成本與時間來說，這類搜尋通常不是很有效率。

　　事情大概是這樣，關於某項特定興趣，你本身或許才是最佳的客觀資訊來源。與你有共同興趣的大多數人，可能與你非常相像。尤其若你已找到某項特殊興趣，更是如此。有數百萬人關注國家美式橄欖球聯盟（NFL）比賽，但對於 100 年前的棒球比賽狀況，感興趣的人少之又少。不過請切記，這可轉變為你的優勢。即使全國只有 1,000 人與你興趣相同，若可以觸及這些人，請他們每月花費 10 美元，訂購你針對主題發表的電子報，那麼你就有了一項顯著的被動收入。

主觀衡量

　　主觀衡量潛在顧客，是指那些無法僅靠數字表達的客群。大眾通常透過趣聞軼事理解這些人，或是結合了數值分析。舉

例來說，在過去 30 年，一到總統競選辯論期間，幾乎每位候選人都戴上紅領帶。這樣能吸引投票人目光，超乎年齡、收入或地理位置等客觀分類範疇。從焦點團體中可以看出，不論男女，大家對於穿戴紅領帶的人較有積極反應，而非藍色領帶。這是人類既有的直覺，全然主觀，但卻是無可厚非的事實，所以何必抗拒？辯論台上，這麼多人選擇戴紅色領帶，原因正是如此。

要察覺你潛在顧客的主觀議題很重要。比方說，在每項興趣領域裡，眾人以某些措辭、稱呼和想法，互相認同彼此。這些稱之為「行話」（jargon），儘管這一詞有時引人負面聯想。行話其實只是某群人共享的一套信念，也提供起始點，以此產生可能關聯。

舉個例子，假設你想與摩托車愛好者建立關係，可能會提到 1940 年代非常熱門的經典印地安重機。只要你提得出來，某位摩托車愛好者就會知道，你對此有某種程度的興趣。但若對方提到印地安重機，而你卻不知道這是什麼，很顯然你興趣不深。所以請想想，有哪些主觀的試金石，能用來找出潛在顧客？務必善加利用這些試金石。

預期顧客行為

對於你、你的網站與你將提供的任何產品或服務，顧客心存什麼看法？這是顧客概況裡的最後要素。此項最後要素也包

括你對自己顧客的信念。這些皆可稱為「預期顧客行為」。不管你意圖創造何種網路被動收入事業，可憑藉以下 3 件事至少其中一項，美夢成真。

首先，假如你期望有人支付 100 美元或更多錢，透過你的網站購買非實體產品，那你可就寄望錯誤了。網路顧客恰好不會這樣做。但從另一方面考慮；網路顧客其實也會有預期心態，以為你會要求他們花費 100 美元或更多錢。所以，若你不照這種預期心態來做，反而標明較低售價，即有大好機會賣出。

其次，假設你為網站或部落格勞心勞力，期盼訪客會盡情探索網站每個角落，你會大失所望。即使網站訪客熱中某項特定主題，絕大多數人停留網站的時間不超過 5 分鐘，通常是 1 分鐘以下。這也是為何組織有序的簡易網站遠勝樣式複雜的網站。所以，**請把最佳資訊置於前頭，向訪客出示你要提供的事，若有人中意該物，請盡速簡單回應**。這肯定是打造被動收入最有效率的途徑。

最後，雖然不該做樣式複雜的網站，你仍要認真看待網站，務必經常更新。理想的情況下，應該每天更新一次，或一開始每兩天一次。更新內容可以是關於任何類型的網路事業，或必須被得知的最重要事實。訪客很快就會注意到網站多久更新一次，他們會依照更新頻率，回頭來逛網站。這也是部落格遠勝樣式較為複雜的網站原因之一。每日更新部落格很容易，

為求在網路上建立被動收入，花短短幾分鐘時間更新網站，必
不可少。特別是「電子商務」（E-commerce）方面的網路被動
收入模式，尤其確實如此。

解鎖電子商務的力量

有許多可用來產生網路被動收入的方法，範圍從出售服務
到從事自由業都有，搭配你的部落格或以興趣為基礎的頁面，
提供幾樣簡易的數位產品。現在，讓我們稍微更加深入探究，
談論網路事業世界這塊大餅，也就是「電子商務」。

在網路上銷售產品或服務，皆可視為是電子商務，雖然如
此，基於此處目的，我們使用這一詞，通常是指奉獻較大的心
力，在網路上銷售實體產品。儘管這項特殊模式需要較為複雜
的設定，但長期下來成果豐碩，也能確實達到被動收入。

有了電子商務，將可直接銷售實體產品，即使你所銷售的
商品是由別人生產也可以。顧客不會被導向其他人的登錄頁面
或網站，你可從自己所選的平台銷售產品。是否由你履行訂
單、出貨給顧客，端視你所選的平台而定。不管你選了什麼銷
售平台或何種訂單履行安排，都是由你直接出售物件給顧客，
並從中獲利，那些買家就是你的顧客。

為何要選擇電子商務？

隨著你貫徹整個決策制定過程，要考量電子商務的利弊得失。一頭栽入電子商務激戰之前，請先仔細權衡這些事。首先來談益處：

- **不需實體商店**：有時候，對於真實世界的零售商來說，最大的障礙在於需要一個實際地點。
- **時間彈性**：可以全天候進行銷售，網際網路從不休眠。
- **經常性開支費用較低**：由於電子商務事業裡的許多流程都是自動化進行，比起傳統零售商店，不需要太多員工即可經營事業。
- **沒有地域限制**：事業負責人可銷售物品至全球各處，相當輕鬆不費力。
- **熟悉的購物模式**：除非是石器時代的原始人，否則人盡皆知網路購物是什麼，毋需教育受眾你的存在性。

接下來，請記住有哪些短處，包括：

- **存貨**：電子商務事業需要存貨。如果你採行代銷（drop-shipping），或許不必肩負存貨事宜，但終究需要於某處儲存商品。

- **價格較勁**：實體商店謀畫價格較勁，以網路價格供應給購物者，藉此在價格戰打敗你。實體商店不僅能夠以你的網路價供應給顧客，還能夠立即運送，讓買家盡快得到物品。

- **缺乏即時滿足感**：顧客要稍等幾天後，產品才會送達家門，才算真的收到東西。因此，在網路下單後，難免有段時間使他們覺得手上空空。

- **退單（Chargebacks）**：提到核准顧客退單，信用卡公司相當大方。就我的經驗而言，信用卡公司站在顧客這一邊，遠勝於站在賣家這一邊。

- **良好的老派競爭**：電子商務是很普及的商業模式，所以我們才花長篇大論討論。既然如此，電子商務競爭對手眾多，這是必然的。

　　致力投入網路電子商務模式前，請先考量利弊得失。若你認為你的抉擇已考慮到全部優缺點，即可開始思考開業售物。

　　一般人想到擁有網路事業，大多數時他們腦海中的印象可能落入電子商務範疇。他們聯想到網路商店和平台，可以從中瀏覽購買。網路購物現在已是相當廣為人知的概念，因此極其有利可圖。有不少事需要採取行動，也有很多事尚待管理，但至少你不必著手教育大眾「網路購物已是可行之道」。你不是先鋒人士，相反地，你僅是踏入這個獲利豐厚的已被確立的商

業模式。也就是說,你將有諸多選項,任你選擇。

選擇電子商務的 5 點理由

為何選擇電子商務,當作強大的被動收入計畫?以下共有 5 點理由:

1. 進入門檻較高。因此,選擇商業模式時,許多人嚇到裹足不前,改選其他門檻較低的模式,你可趁隙而入。

2. 前置作業較多。需要進行前置工作,奠定基石。這可能會先嚇跑某些人,卻因此為你敞開大門,主導這類生意。前置作業完成後,主要焦點差不多僅剩促進流量、優化轉化率(Conversion Rate)、提供絕佳顧客體驗等。

3. 有高度比例的競爭對手都是家庭經營式企業(mom-and-pop business)。市場上,少有老練參與者想從事年收益低於百萬美元的生意,因此不難主導市場。

4. 在網路銷售實體產品,不需太多推銷技巧。若有人在網站購買一個狗碗,不用耗用太多心理學技巧,即可成交。

5. 可享有的每訪客美元價值(dollar-per-visitor value)高於平均水準。訪客來到你的網站,購買特定物品,而你不用做太多事來說服他們買單;有鑑於此,平均而言,電子商務的轉化率較高。

個人網站 vs. 多廠商店面平台

若不想走個人電子商務路徑，也可使用一些絕佳的多廠商
店面平台。或許你會問，諸如 Amazon、Etsy、eBay 之類的網
路巨頭，皆有實質可觀的可信度和數百萬購物者，供人從中販
售商品，何必建立自己的電子商務店面？個人店面與多廠商店
面平台路徑都是可望成功的選項，不過，有自己獨立的網路店
面，能提供某些大型網站無可比擬的效益。

成立獨立的電子商務店面有哪些效益？

在 Amazon 或 eBay 之類興旺活躍的市集，呈現自己的產
品，真是超讚！不過，成立獨立的電子商務店面，有一些效
益。以下列出幾項普遍意識到的益處：

- **完全控制**：當你獨立成軍，能對自己事業維持完全控
  制。可用自己的方式銷售想賣之物。一般標準化的網路
  電商都有規範或限制，想藉此開店的人皆須遵守，但若
  是自己的店，即不需要額外遵守這些規定。
- **不必共享客群**：你有自己的顧客。他們願意提供資料給
  你，包括姓名、電子信箱、電話號碼、地址，也允許你
  聯繫他們，任何資料都在你的掌握之中。沒有其他人有
  辦法接觸你的客戶，或告訴你如何能否與之通訊，或是

63

否能夠銷售更多物品給客戶。

- **獲利較多**：你不必與任何其他組織共享銷售利潤，而在諸如Amazon、Etsy、eBay之類的平台，卻要分攤利潤。
- **品牌清晰度**：假如是在大型網站，有人可能向你購物，只因為他們剛好搜尋到你出售的物品。但他們腦中的印象是自己從 Amazon 購買該物。**若有人從你自建的電子商務網站購物，顧客與該項物品的附帶關聯就是你的品牌**，因為你的網站沒有任何其他廠商或品牌進行銷售。

無論你的電子商務網站是既有事業的延伸，或是獨立成軍的網站，都要瞭解你的選擇，並為你自己、你的事業、你的獨特情形，選出最佳道路。到目前為止，選擇獨立的商業模式最大效益是你有能力，對你的事業維持最大程度的控制權、保持行進方向、維護成功影響因素。

電子商務的類型

電子商務事業模式有幾項類型，可供選擇。本書著重於輕鬆安排又快速運作的被動模式，在諸多選項裡，我們僅探討其中 3 樣：代銷（drop-shipping）、批發倉儲（wholesaling and warehousing）和白標製造（white labeling and manufacturing）。

這是按照複雜度列的排序，如果你是第一次開始電子商務，也想從最簡單的模式開始，請從「代銷」開始做起。

代銷

「代銷」是指**你在自己網站銷售物品，而這些物品是由他人製造、實現、出貨給你的顧客**。一般而言，這些關係建立在你與某家製造商或批發商間，對方有一個倉庫，堆滿你想賣的物品。一旦有了正式協議，製造商或批發商將會傳送你想賣的產品圖像，並附上定價。然後，在你自己的電子商務店面裡，你就可以放上這些物品求售。你的工作僅是銷售物品，由製造商或批發商履行訂單，出貨給你的顧客。

關於代銷模式，大家最愛的其中一項優點就是前期投資額（upfront investment）極少。你不需要事先購買任何產品，直到顧客向你下單付錢為止。一旦以銷售平台奠定基礎，且已經與代銷夥伴建立關係，你的主要焦點即是要吸引目標買家前來商店，為他們提供令人驚喜的顧客體驗。一旦交易成立，才需要從口袋裡掏錢，支付所售物品售價。這是「低風險，高報酬」模式。不用囤積任何存貨，也不必處理令人頭痛的履單過程。

但也有某些缺點。對於出貨和訂單履行，你全無控制權，有時供應商會讓你失望。若供應商延遲出貨，或忘記給你追蹤號碼，就會加重你的客服責任。另外，既然你沒有任何存貨，你不一定清楚某項物品的庫存量多寡，因此可能會在無意間賣

出已缺貨的商品。然後你就必須應付客訴，和聲譽方面的衍生影響。

好消息是，萬一覺得所選供應商不符合你的標準，選擇放棄這項代銷合約其實很容易。你的資產全都數位化，比起自有倉庫來堆滿為你製造的物品，利用代銷當作履單模式，以此過度到電子商務事業，可就簡單多了。

批發倉儲

這項模式屬於大宗購買產品，再以倉庫存放物品。偏好這項模式的人，通常是批量銷售產品。相較於「企業對顧客」的電子商務模式（Business to Consumer, B2C），人們大多是在「企業對企業」（business-to-business, B2B）市場普遍運用批發倉儲模式。

經營這項商業模式，可獲得較佳價格，因為你是大批購買，而非一如代銷事業裡的單次購物。假如你大量購買，然後在自己網站裡，個別出售物品給消費者，即可比代銷模式獲得較佳的邊際利潤。

然而，若你像大多數人一樣以批發價賣給企業，邊際利潤較低，再由對方賣給消費者。在大多數的批發業務裡，**你必須創造足夠的銷售量，彌補較低的邊際利潤**。因此，這項模式也需要較高的前期投資額，用來購買產品且加以囤貨。

白標製造

「製造」是你付錢請人為你製作物品。至於「白標」（white labeling），代表你並非親身製造產品，而是獲得授權合約，容許你把自己的名稱或品牌附加在產品上，猶如你就是製造者。以這個假想情境來看，你是在海外製造產品，或從海外進口產品，然後在產品標示自己的品牌。這時候，你是位處產品鏈的頂端。

當你從海外進口或製造，你的邊際利潤更高。可用較低價格製作產品，然後以更高價格在網路出售，你可自行全權掌控出貨與訂單履行。雖然工作內容較多，卻有更多效益。你得以掌控整個工作週期，總能得知產品進展。此時你也可以找批發商和代銷商，為你零售產品。

有承諾恐懼症的人不適用這項模式。要完結某份製造合約，並非易事。需要請人製出產品，再將產品進口到自己的國家，然後把產品靜置在某處倉庫。還需開發一套流程，監督並維護品質控管。這是進階級的網路被動收入賺錢模式，前期所需的現金投資額幾乎總是非常龐大，所以務必要先有一套財務規畫。

電子商務網站

　　無論你選擇搭配哪一種電子商務事業模式，皆需要架設網路店面。有 3 種獨立網站可供選擇：套版網站（custom website）、網頁寄存服務（hosted solutions）、自行託管服務（self-hosted solutions）。你適合哪一種平台？全依你的境況、知識和財務而定。

套版網站

　　你能夠從頭開始架設自己的電子商務網站，何樂不為？但縱使你有資本、資源和才智，你也很難相信自己做的網站一定優於別處既有的諸多方案。

網頁寄存服務

　　這些通常是指「電子商務代管」（hosting for ecommerce），但並非僅限寄存服務而已。電子商務託管解決方案（ecommerce-hosted solutions）被視為「軟體即服務」（Software as a Service, SaaS，亦稱「即需即用軟體」），是「一經要求，即可使用」的電子商務店面。想當店主，網頁寄存服務應有盡有，話雖看似牽強，但即使不是如此，也非常接近了。

　　除非你已經是電子商務專家，否則需要花費頗長一段時間，才有充足知識，優化你的店面，產生最好的成果。運用網

頁寄存服務,可為你處理許多繁重事務。

選擇網頁寄存服務,有幾項首要原因:

- **安全保護措施較佳**:如果網頁寄存服務無法保護自己平台的用戶,很快就會歇業。因此,他們往往會內建相當不錯的安全保護措施。
- **備援系統**:利用網頁寄存服務,你所得到的內容通常會包括備援與資料復原。
- **不用負責維護與更新**:一旦使用網頁寄存服務,你不必負責維護自己店面背後的技術。若廠商想要保持競爭力,一定會努力持續升級有益於你的特色功能。
- **迅速簡易的安裝**:網頁寄存服務要給人「即時可用」的感覺,所以安裝方式一般不成問題。
- **支援**:網頁寄存服務同時提供支援,大多數時候,你的存取不受限制。

踏入這場遊戲,時機正好。過去第一代的網頁寄存服務與非託管方案進入市場時,曾犯下許多錯誤。不過,最新一波的這些方案已從錯誤中學習教訓。切記,所有平台各有優缺點。所以要先仔細調查,找出適合己用的解決方案。此項領域有不少重量級打擊手,其中三個是 BigCommerce、Shopify、Volusion。

在電子商務策略方面，伊斯拉・菲爾史東（Ezra Firestone）
是頂尖專家之一，他偏好選擇使用的平台是 BigCommerce
（www.bigcommerce.com），網站本身受到相當廣大的認可。不
過，以下還有某些益處，使這個平台成為絕佳選擇：

- 人人負擔得起的價格，起始價是 29.95 美元，幾乎包含
  各種功能，而頂級版的最高價格是每月 249.95 美元。
- 有 Google 信賴商店（Google Trusted Stores）認證。
- 協助架站，增進銷售量。
- 容易與 eBay、Google Shopping 之類網站一起整合。
- 絕佳的客戶服務。
- 基礎版包括實時報價、禮物卡，以及 24 小時全天候的
  電話／電子郵件／回覆支援。
- 廣受中小型網路店面歡迎。
- 產品、儲存量和頻寬皆無限制。

Shopify（www.shopify.com）有某些卓越優點，值得盡力爭
取，包括：

- 人人負擔得起的版面規畫，起始價是每月 29 美元，而
  進階版的 Shopify 版面規畫最高價格是 299 美元。
- 廣受小型網路店面歡迎。

- 創新的 APP 商店，可拓展你預設的網路店面。
- 產品與頻寬皆無限制。
- 易於整合運輸公司、訂單履行中心和代銷公司。
- 經由手機 APP 程式，管理店面和款項支付。
- 銷售時點情報系統（point-of-sale）選項，可供顧客親自付款。
- 協助架設你的店面。

Volusion（www.volusion.com）也是另一個傑出選項，功能包括：

- 人人負擔得起的版面規畫，起始價是每月 29 美元。
- 廣受各式規模企業歡迎。
- 以最便宜的價格點，促使尚未成交的購物車重獲下單。
- 內建紅利積點。
- 內建「今日大減價」選項
- 整合 eBay 和 Amazon

自行託管服務

如果你並非技術精通，無法建構自己的網站，卻仍想要有電子商務企業在意的內建核心功能便利性，那麼，自行託管服務是一個好的選項。自行託管服務以便利性換取全權控制和客

製化能力，這些並不落入「軟體即服務」（SaaS）的範疇。把它想成較像是客製化的購物車，具有某些迎合電子商務的特殊功能。

自行託管服務注重基本機能性，與電子商務網站有緊要關聯。其中某些機能性包括：

- 目錄功能
- 購物車
- 訂購付款處流量

比起由他人代管的方案，這些功能沒有花俏配件，但已涵蓋基本要項。你可以享有能力，自行客製化你的店面。解決之道真的無關對錯，僅與個人偏好有關，以及何者適合你的特定情形。

假如有能力充分客製化你的網路商店樣貌和觀感，而這對你來說也很重要，你真的想自行架站，那麼就試試自行託管服務。如此一來，你可著手處理某些基本機能，也依然能夠做出自認最重要的變更。

可考慮以下幾項自行託管服務：

WooCommerce（www.woocommerce.com），功能包括：

- 免費下載

- 在免費部落格架站軟體「WordPress」運作
- 應用程式輕便，不加重伺服器負擔
- 高於平均水準的基本機能，有數百個外掛程式可供加強
- 利用最自由付費的 WordPress 外掛程式
- 容易架站與客製化
- 若已經很熟悉 WordPress 就容易上手
- 大量庫藏可供選用的美麗主題，價格經濟實惠

如果打算連結某個電子商務入口網站到你的部落格，這倒是絕妙選擇。所以，假設在先前提過的例子裡，若要展開某個網路社群，專門討論舊時代棒球，你可在諸如 WordPress 之類網站，撰寫部落格文章，然後利用 WooCommerce 推銷書籍或收藏品。

Magento（http://magento.com），有許多功能，包括：

- 免費下載社群版本
- 據說有 11% 的市占率
- 在業界有最多整合選項
- 可選擇數百個高品質樣板
- 未來不需升級為較佳解決方案
- 能以單一共享的產品基礎，輕鬆架設不同店面
- 功能厚重

在自行託管服務世界裡，Magneto 有最多花俏配件，不過它也是你伺服器的巨獸。一旦店面夠大，通常建議你採用獨立伺服器，為後台系統提供軟硬體支援。

其他額外考量

切記，即使有了網頁寄存服務或自行託管服務，在完成你的網路店面前，仍有某些重要方面，需要由你著手處理。

付款辦法

你仍需建構一套方式收取款項。可使用 PayPal 簡單進行，或也可申請運用自己的商家帳戶。上述所有解決方案都有提到購物車，可是卻沒提到款項處理辦法。隨著你閱讀本書第 4 章，你仍需建立一套收款方式。

分析方法

大多數平台可能有整合選項，把事情簡化，但若你想追蹤結果，看看網站流量績效如何，需用分析方法搭配你的電子商務網站。

影像和設計

這取決於你的想法，你可能仍有必要進行一些設計，讓你的網路店面十全十美。若沒這樣做，或許也能勉強應付過去，不過，這是你該考慮的事。

網站內容

每個網站皆需內容。不論是由你親自撰寫或請代筆人來寫，都有必要把這項因素列入你的過程。

創業之前，應謀定而後動

試圖研究潛在電子商務市場時，別浪費時間改進已經優化的基本方法。請探訪十分普及的網站，如 Etsy 和 eBay，細看所列的不同分類和子類。在 Google 輸入目標關鍵字，看看那些網站名列前茅。這些網站如何分類自己的產品和網站？諸如 Amazon 和 eBay 之類的網站，組織方式絕非漫無目的，其結構方法背後都有一個原因。這也可以顯示，如何運用這個市場裡的前景，找出顧客想要的產品。

為新的電子商務事業進行市場研究，有一些工具將可提供幫助。第一個是 WatchCount.com（www.watchcount.com）。在那裡，你可以輸入關鍵字，看看 eBay 上面哪些物品銷量

最多。也可按照類別搜尋，看看每項暢銷分類的供應物有哪些。另一個可供探訪的絕佳地方是 Internet Retailer（www.digitalcommerce360.com/internet-retailer/）。對於使用電子商務空間的人而言，都是有用資源。

想法梳理

　　如你所見，除了你自己的想像力之外，你的網路賺錢方式毫不設限。在本章裡，你已閱讀如何釐清思路，所以可以開始規畫你的網路策略了。一旦你已評估目標，即可採取行動，針對你的興趣和技能組合，將你的網路願景化為現實。本章使用「電子商務模式」為例，可能是最普遍的網路收入賺錢方法，且立意良好。隨你意願，網站規模可大可小。可以出售實體產品或數位產品，也可讓許多功能自動化。這是可望成功的萬用方式，讓錢財川流不息湧入你的網路收益桶。

　　在下一章，我們將更加深入探究，為你解釋某些方法，能使你的能力擴展至最大，賺取網路被動收入。這些方法包括稍微改進你的流程、注重顧客、與其他企業合夥賺取連帶收入等。

第 4 章

讓流量變金流的
優化策略

現在，你已經進行某些初步研究，滿腦子想著你對網路被動收入網站的概念，是時候要深入挖掘，並付諸行動了。在本章裡，會學到更多關於在網路上創造被動收入，並向已經成功做到的創意創業家聽取建議。你會看到第一手網路事業的挑戰與商機。至於其中最重要的一課？如同任何其他企業，你仍需要以客為尊。

打造好的銷售點系統品質為第一考量

網路銷售成功與否，首要之務即是客戶體驗，不論你是出售網路課程、網路研討會，或是諸如首飾或手作物件之類的硬質產品。在買賣過程中，如果顧客覺得體驗不佳，即會失去顧客，可能就永遠流失。要以網路被動收入模式達到成功，關鍵在於，銷售點（POS）系統要使顧客有好的使用體驗，並且鞏固長期消費的老顧客，這兩者之間要如何建立關聯。珍（Jane）的故事即是良好例子。以下是珍的故事，由她自述：

我決定打造網路首飾事業。我已經擁有自己的一系列昂貴精緻首飾，像是戒指、耳環、項鍊等。這些是我歷經多年來累積的收藏品。我有自信，有眾多買家想買這些首飾。不過，截至當時為止，我只在文藝市集和跳蚤市場賣過這些東西。我知

道，網際網路是截然不同的競賽場。我對自己的產品瞭若指掌，可是對電子市場卻幾無所知。

於是我讀了一些書，瞭解網站設計和網路行銷。這些書很管用，但真正有所幫助的是在我交易時，要先理解自己的喜好與憎惡。經過一番思考，我很訝異地發現，不論是從網路購物，或在傳統實體商店購物，我基本上都是在尋求同樣事情。

比方說，我真的很討厭排隊等候。我可能會花一些時間，環顧店裡一圈，找到自己喜歡的東西；一旦找到想要的物品，我就想盡速完成交易。也就是說，我不想等太久，就只為了讓店員幫我結帳。而且我真的很不想偶然遇到某些技術故障。就算在真正大型的賣場裡，我也時常聽到『電腦當機了』，真令人驚訝。一旦發生這種事，正好給我機會改變心意，認為打從一開始就不該購買此物。我很肯定，其他人也是這樣想。

我領悟到，網路購物同理可證，甚至更為明顯。網路空間看似應有盡有，擠滿一切。人人皆想迅速完成流程。可能會花20 到 30 分鐘時間逛某間商店，但在網站的平均停留時間可能更少，大家只想快速有效完成交易。

萬一情況不是這樣，尤其是在實際完成交易的過程中發生問題，他們不僅感到生氣，還會驚恐，會擔心自己的錢。假如和多數人一樣，他們刷卡付費，但網站交易在過程中突然卡住了，顧客會驚慌失措，納悶是否應該再度按下『確認』鍵，卻又怕可能重覆付費。

　　如果想做回頭客的生意，沒人希望發生這種事。畢竟，回頭客的生意絕對是網路被動收入的基石。買家中斷交易，遠比走出實體商店還簡單，這是店家最不想遇到的事，不希望買家用滑鼠按下『取消』鍵，然後離開網站。萬一發生這種事，店家損失交易，買家也肯定絕不重回你的網站。

　　珍的故事提出一個關鍵原則。在先前章節提過「少即是多」的概念，適用於打造網路收入。你的網站要盡量保持簡潔易懂，**付款流程尤其如此**。在最後的輸入個人資訊與接收驗證過程，超過半數買家會在最後一分鐘取消交易。如果店家要求任何額外資訊，中斷交易的人甚至不止半數。最常發生的是，由於過程緩慢，買家中斷連線。若事已至此，就算想買你的產品，卻反而讓人深感受挫。所以交易過程務必簡單明瞭。我們來看有哪些方法可做。

利用一套付款系統幫你理財

　　你不想耗費休閒時間，處理付款和帳單事務。畢竟，這本來就該是被動收入！所以，你可以找一家公司，把這項功能外包給對方，例如：Square 或 Stripe。你可輕易連結自己的網站到款項處理服務公司，由對方處理帳款事宜。有許多此類服務公司可供選擇，要找到最適合你的公司，應該不難。

　　想看看，哪些網路購物讓你覺得過程順利，尤其是該網站

把帳務外包給款項處理公司；那麼，請接洽那個網站，由對方轉介。只要你表明自己是滿意度高的顧客，這應該不成問題。或許還可與該站建立連結關係，由你推廣他們的網站，而他們也會反過來推廣你的網站。

分享安全性、出貨、退貨等資訊，建立信賴

　　若你選擇自行處理信用卡付款事宜，而非透過款項處理服務公司，請務必納入某些文字內容，說明購物的安全性。根據聯邦法律，只要沒有得到顧客允諾，顧客有權對信用卡費提出爭議。信用卡帳單出現未經授權的費用，他們也可對此提出異議，全都沒有法律責任政策。

　　也就是說，信用卡遭到未經授權盜用，信用卡持卡人不需要付費。聯邦法律規定，需在允諾日期之前，完成網路訂單的出貨運送。若沒有寫出任何出貨時間，需在 30 天內完成出貨運送。出貨延遲，顧客可以取消訂單，拿回退款。萬一商品有缺陷或與網路圖文不符，顧客也有權退回商品。要讓顧客瞭解這些安全性的資訊，可為你的事業建立信賴度。

　　為提高信賴度，如果你提供課程、網路研討會或電子書之類的網路商品，也請務必清楚確立出貨與退換貨條款，以及滿意度保證，一如你對實體產品那樣。

　　至於實體商品，「免運費」頗具吸引力。絕大多數成功的網路事業皆會提供免運優惠，只要訂單超過一定金額，即可免

運費。**但這不代表運費真的免費，你可以（也應該）把運費成本計入商品定價裡**，如此一來，在你的特價銷售裡，你就能使用最強大的「免運費」一詞。你會很訝異，有多人少會只為了湊成免運費，增加訂購量。

至於在網路上傳遞附帶內容的產品，「即時」這一詞才是關鍵。你想架設網站傳遞任何內容，一旦顧客完成付款，即可出售這些內容。這是一種透過線上付款工具或白標商店，為你的網站支援同步化，輕鬆自動進行的功能。

為實體產品提供「無條件退貨」政策，或為電子內容提供退款保證，也是好主意，**請在網站顯眼之處列出這些事項**。再次重申，這能真正建立信賴度。就事實而言，只要給予顧客預期想收到的東西，極少有人會真的退貨。一年偶爾有那麼一兩次，你可能必須吞下一筆不合理的退款，但以做生意成本來看，這肯定值得。實際上，顧客退貨時，反而要善待這位顧客，最有助於打造良好商譽。通常，你很快就會從同一位顧客接到新訂單。

提供折扣，建立顧客忠誠度

隨著你與顧客建立關係，目標是要讓他們不斷回頭，到你網站買更多東西。其中一項絕佳方式，即是為回頭客提供折價券。一旦你有買家的電子郵件，你可以設定一套自動電郵行銷程式，定期觸及顧客，給予資訊，讓他們知道下次購物可享受

優惠，或是通知他們有新的產品或服務。以下有幾個程式選項，將可助您把電郵行銷功能自動化：

- Mailchimp
- HubSpot
- Constant Contact
- Infusionsoft
- GetResponse
- Pardot
- Campaign Monitor
- SendinBlue
- Campaigner
- Zoho Campaigns

要讓這些優惠具有時間上的敏感性。也就是說，必須在某個日期前下單購物，否則折扣就會失效。在顧客初次購物時，請務必事先告知顧客，只要他們主動選擇分享電子郵件，在未來即可得到這些折扣。這樣一來，他們較不可能把你的郵件當成垃圾郵件。

發送電子郵件確認首次購物訂單，且附上折價券，這種方法不錯，有機會與顧客開始建立長期關係。畢竟，買家才剛第一次把錢交給你。即使你再三保證與保障，必定還有某些不確

定性存在，千萬別忽略這一點。要感謝他們下單訂購，感激他們對你的信賴，使用這類特定詞語；然後，在其中附上折扣優惠碼，下次購物時，他們就能輸入這組號碼。最後，請務必迅速充分履行該筆訂單。

找到自己的跑道，並努力向前

前一節提到網路首飾事業的案例，或許可以非常成功，但就被動收入而言，卻非人人都適合的理想企業。因為履單過程中產生的問題無可避免。比方說，這些購物有待清點存貨、裝箱、出貨，可能還需要保險。過程可能很複雜。處理這些問題，假如並非是你被動收入生涯預想願景，那麼在涉足太深之前，請撤回決定，並明白這可能不適合你。還有許多其他方式，可在網路進行銷售。

舉例來說，若你不想處理實體產品的麻煩事，可轉換你的事業計畫方向，改為在網路上即時傳遞商品或服務，大多數這類事務落入智慧財產權巨傘之下，第 9 章會有更多說明。不管是行銷資產，或是諸如電子書、網路研討會、課程之類的內容商品，不需要處理庫存，即可進行網路銷售，全都極有可能。況且，假如此類產品相當契合你的網路事業目的，即可有永無止境的賺錢潛力。第一步，要先知道那些適於銷售的點子可轉

為獲利，然後起身而行，才是關鍵。以麥可（Michael）的故事為例，來看看何謂「瞭解自己的跑道」成功故事：

　　我一向喜歡拍攝野生動植物相片，但對此沒花太多注意力。部分原因是成本考量，也因為牽涉不少時間。在一切尚未數位化之前的舊時代，無論是相機、底片和沖洗過程，皆需要付出成本。甚至在出現成品可供觀看前，就須事先承擔這些費用。現在數位攝影當道，深植於我們的文化。畢竟，人人皆有智慧型手機，而手機即可拍照。銷售相片，以此維生，這個選項實在不費吹灰之力，壓力也較低。

　　就我而言，無論是個人或專業方面，數位攝影真是絕妙創新。就私人層級來說，我一向喜好拍照，而現在那些麻煩因素大幅縮減了。從事業觀點來看，我明瞭數位相片是理想產品，可在網路行銷。這是因為傳送過程全然數位化。買家可以看到我想出售的影像，以信用卡付費購買，然後即時下載影像。

　　起初，我很訝異過程這麼簡單。我能建構並維護一個正常運作的網站，月費大約 50 美元。建立信用卡付款機制，對我而言也不成麻煩。我在黃石國家公園拍了不少有趣的野生動植物相片，在自己的網站上，出售這些相片，每張僅售幾美元而已。附帶一提，某次發生愉悅驚喜。短短不到幾天，第一筆買賣就成交了。事情發生後，我真心覺得自己誤打誤撞，有了一台賺錢機器，能夠創造多重被動收入。

對我來說，問題在於如何維持衝勁，我尚未真正理解行銷智慧財產的過程。開站第一週，我達成 3 筆小額交易，我的網站漸有起色；可是後來有超過一個月的時間，我都沒有其他交易。尚待學習之事很多，遠超乎我的想像。

麥可的故事表達了，與某種方式產生關聯，以此行銷你的個人興趣或技能給其他人，是用來創造被動收益的絕佳出發點。然而，光是有點子，並非就是金礦，你的銷售方式有決定性關鍵。從麥可的故事，有幾項重點可供學習。

首先，假如想要非常迅速創造被動收入，智慧財產權的網路行銷有許多優勢。諸如首飾等實質物件的創造與運送問題，你全都可避免。再者，不論你明瞭與否，你幾乎當下就能有原始素材，用來創造智慧財產權。人人皆有故事可說，所以問題僅在於是否願意放上你的故事，轉為可供販賣的格式。比方說，有人分享自己如何擺脫債務，甚至有人分享如何債台高築。

如果你是家長，你可訴說自己的親子教養歷程。也可以是有關溪流飛蠅釣魚法、消防工作、烹飪料理、地毯清潔等，甚至還可以教人寫作。若你寫不出來，雇用代筆人為你寫作也很容易。只要你有故事，就是可供行銷的故事。

架設自己的網站

草創之初，千萬別被架設網站的技術嚇到。你不必是電腦天才，也能擁有絕佳網站。迅速搜尋 Google，即可找到許多架站網站，有些還提供信用卡付款接收機制；或隨著你閱讀接下來章節，即可知道如何借助白標網站，創造易於管理的電子商務店面。

這是好消息，不過也有另一面。不管你的網站外觀多光鮮亮麗，光靠外觀仍無法成交。你還得投入後端工作，確保維持客戶體驗，使他們繼續回購。畢竟，你是要從這項收入賺取金錢，要成功到足以在你的人生背景裡運作。如果你僅能得到「買過即忘」的交易，總是因此必須追尋新顧客，那麼，你的成功祕訣仍欠缺某件事。而這件事的根源，最有可能是你網站的設計、精神特質和機能。

切記，麥可的點子不錯，產品也很實在。可是他的生意清淡。一開始有某些成功交易，後來卻遇到乾旱期，銷量全無，網站訪客人數減少。為何會發生這種事？為何網路創業家持續遭遇此事，即使一開始成效似乎不錯？

簡而言之，麥可缺乏事先規畫，因此本來就會失敗。不過，在網站規畫過程初期，為了避免網路虛擬購物車空空如也的命運，你可以進行一些聰明舉止，以此持續不斷產生被動收入。其實相當簡單，僅須採取某些舉動。不必花太多錢，但需

要你投入心力。有時必須致力投入，也需要全心全意，學習知識。一開始就盡一番努力，未來你最大的任務僅需保持追蹤網站流入的金錢數額。

淺顯易懂，才是好事

基本上，任何事業都是一套系統，以服務客戶或顧客的需求。網站事業是一套以令人驚嘆的速度和效率運作的系統，在科技可及範圍內，盡量服務這些需求。不管你銷售的是實體產品或智慧財產權，都要先明白，人皆希望網路事宜愈快愈好。**你是在出售即時滿足感，遠勝於其他事物。**

在網路事業世界裡，「淺顯易懂」是這類事務的時髦詞語。你網站的「淺顯易懂程度」是指，執行某項功能時，所需的按鍵數目；**用到的按鍵數目愈少，你的網站愈方便操作。**讓網站淺顯易懂，極為重要，特別是購物功能。先前我們提到，顧客有多麼討厭在零售店等候排隊。同理可證，顧客也確實不喜歡在網路上等待。所以，在挑選程式用於架站時，務必確認結帳流程盡量快速有效率。

以良好設計，歡迎顧客來訪

假定你的網站運作得既快速又恰當，顧客還喜歡在商業網站看到其他什麼事？大家想從網站感受到某種能量。他們想看圖片、喜歡色彩，想看有創意的圖樣，卻不覺得壓迫感。如果

已經架設好不錯的網站，再添加這些事物來加強，簡直是小事一樁。

格式空白的網站又滿是文字，這是大家不喜歡看到的。初次造訪某個網站，網路顧客通常不會馬上購物；但如果這趟造訪感覺良好，就會回頭造訪。也就是說，要讓顧客覺得網站很有趣、有娛樂效果，兼具品質導向。良好的造訪體驗是讓顧客去「看」，而非「閱讀」。要使他們感覺良好，今日想看你網站所列的一切，明天也想回頭看更多事情。

持續更新有創意的內容

這是至關重要的一環。如果首次造訪感覺不錯，潛在買家會回頭探訪你的網站。但在第二次造訪裡，他們想要什麼？他們想再度有好的感受，可是也想要不同體驗。他們不想重新再次看到相同事情。所以請務必持續更新網站。事實上，「持續」這個字眼還不夠強烈，**你要「即時」更新網站**。若有某個網站，上一次更新是在三個月前，沒什麼事比這個更糟了。而令人詫異的是，這種事經常發生！若顧客認為你忽視網站維護，他們也懷疑你會忽略顧客。萬一如此，他們便會掉頭離去，探訪別處。所以，請更新網站吧！

有兩種非常簡單的方式，能確保你的網站總是有新資訊。第一個是添加網路論壇，提供地方讓顧客寫下評論與反饋。要確認你網站建構商的程式內含增添論壇的功能。你可能發現，

相同的兩、三個人占了大多數評論，但不代表沒有其他人閱讀評論。隨著顧客習慣網路購物，他們會隨興地使用論壇，自由交流資訊。這是絕佳方式，為你的網站打造一種社群感。

增添部落格，也是另一種簡易方式，維持網站流量。這項作法可將自身某些個性帶入網站裡，給予訪客一種認為自己是與人做生意的感覺，而非僅與機器交流。「部落格」（blog）一詞其實是「網路日誌」（web log）的縮寫。原先意思是指線上網站出現的日記或日誌。

現今，數百萬個部落格散佈各地，有些部落格具有超強影響力，不論在政治上、文化上或商業上皆是。身為網路創業家，在自己網站上有一個部落格，即有機會，做出某些真正有價值的事情。部落格可讓你把自己個性帶入事業裡，顯露自身血肉之軀的身分認同感。為自己網站創建部落格，並不需要太多時間。有時放上某個有趣新聞連結，或某個你發現的網站連結，就能更新你的部落格。

除了你所售之物和銷售方法外，部落格和論壇為你的網站提供附加價值內容。你的前端可能是在賣首飾、書籍或大自然相片，理應提供絕佳價值和客戶服務。但你不僅在銷售商品，總有人會來逛逛你的網站，即使他們不需要買烹飪書籍。

站內行銷最大化

一旦通曉網站設計的節奏，有許多其他選項可供探索。你

可以規畫，提供訂閱每週或每月的電郵電子報，或也可在網站創立「會員區」，給予折價券和其他福利。只要你盡力為網站附加價值，許多人會基於此類價值，開始前來你的網站；不久之後，這些人就會變成買家。除了創造被動收入，網路事業也是契機，產生真正的線上關係。你的網站可以表達自己個性和創造力，連帶銷售產品。進行這樣的事，正是網路商務的樂趣所在。但首先你必須吸引自己的觀眾群。

打造網路事業成功的七步驟

若期望透過你的網站獲取大多數收益，務必考量以下的「電子商務事業成功七步驟」，這是根據「甲板行銷」（On Deck Marketing）創始人艾倫・沐恩（Allen Moon）的說法而成。

1. 找出某個需求，加以填補。先探尋某個市場，而非產品。假如你的事業主要是透過網路進行，注意看有沒有網路論壇和社群媒體，能釐清你要解決的問題，以及如何定位這項問題。

2. 所寫的行銷文案要促使顧客買單。找出引人入勝又扣人心弦的方式，吸引眾人前來。銷售過程中，要使人有迫不及待的感覺。

3. 設計並架設簡單使用的網站。如果網站複雜難懂，可以預料到潛在顧客會放棄購物，不按下「購買」鍵。不要滿篇皆是花俏介面，以免花太長時間下載，也不要有複

雜的購物付款系統。

4. 使用搜尋引擎，驅導流量到你的網站。可考慮付費點擊
樣式的廣告，開始進行。

5. 為自己建立專家聲譽。免費派發專業內容。創造出大家
覺得有用的文章、影音或任何其他內容。透過網路文
章名錄或社群媒體網站，散佈這些內容，例如：臉書
（Facebook）、紅迪（Reddit）或領英（LinkedIn），或
甚至經由當地商會或國際扶輪社（Rotary Club）。

6. 運用電子郵件，追蹤顧客和訂戶。建立一份「主動選擇
加入的名單」，即可利用電子郵件，將新產品與特價銷售
物告知顧客。

7. 透過後端銷售和追加銷售，增加你的收入。只要你追蹤
顧客，在曾經向你購物的人之中，至少有 36% 的人將會
回購。要提供產品與服務，補足他們原本的購物。

網際網路瞬息萬變，網路上的一年大約等於真實世界的五
年。不過，至於如何開創並壯大一個成功的網路事業，相關原則
並無多大變化。

架站之後，客人是否前來？

現今網站數量早已超過數百萬，這項指標極有可能跨入數十億。根據威瑞信公司（VeriSign）發表的一份《2017 網域名稱產業簡報》（*2017 Domain Name Industry Brief*），截至 2017 年底為止，網際網路擁有超過 3 億 3240 萬個網域名稱。有數百萬個網站存在，所以要讓訪客前來你的個人網站，通常是最大挑戰。你的吸引策略可包括：搜尋引擎、付費搜尋服務、聯盟行銷等等。我們將逐一考慮這些項目。

利用搜尋引擎

搜尋引擎已成為美國文化普遍存在的一部分。每一天，數百萬個美國人上線搜尋網路，或「Google」某些東西或某人。美國皮尤研究中心（Pew Research Center）製作報告，探索網際網路的影響。2016 年，研究中心發佈了一份「網路與美國生活」專案（Internet and American Life Project）報告。有 79％的美國人表示，他們會在網路上購物；而有 82％的人說，至少在某些時候，會先閱讀網路顧客評價或評論，才會進行首次購物。對於大多數人而言，網站搜尋是主要的探索點，特別是在我們尋找新產品或服務時。那麼，你該如何引起注意？

或許，想要引人前來你的網站，最重要又不昂貴的策略是以「有機搜尋」（organic search）或「自然搜尋」（natural search）方式，在主要搜尋引擎上面，讓你自己偏好的關鍵字高居前幾名。「有機搜尋」或「自然搜尋」不同於付費的廣告方式，付費廣告又稱「贊助連結」（sponsored link），通常出現在搜尋頁面的右邊，或清楚標示為「贊助連結」。一般來說，要高居前幾名，須根據 3 項準則：競爭、關聯性、內容。

把「競爭」想成「人氣」（受歡迎程度），你的供應物或網站愈受歡迎，有更多人談論、連結和點擊，你就愈有競爭力。「關聯性」則是根據你的供應物或網站如何適切匹配關鍵字。搜尋時，你的網站應納入關鍵字，或盡量與關鍵字密切有關。最後，你的「內容」理應處理某人提出的問題。目標是要盡量直接回答疑問，希望看到終端用戶說「對，這就是我要找的答案。」你愈快精通這三項準則，才有辦法在搜尋結果裡高居前幾名。

精通「搜尋之道」，並非不可能，僅需練習、花時間、貫徹始終。想想你的潛在顧客真正要求什麼事？你的供應物或網站如何解答他們的問題？要堅持不懈、始終如一，歷經這番學習，然後就會發現，自己高居搜尋引擎裡的前幾名。

過去 10 年來，「搜尋引擎行銷」（Search Engine Marketing, SEM）顯著成長，也是網際網路的獲利大餅。2018 年，弗雷斯特研究公司（Forrester Research）針對搜尋引擎行銷寫了一份報告：「有將近一半的錢都是花在數位搜尋廣告，因此仍是最重要的管道，可供行銷者正確行事。」根據搜尋引擎行銷

專業機構（Search Engine Marketing Professionals Organization, SEMPO）在 2016 年所做的一份報告，搜尋引擎行銷依然是最大的數位行銷區隔，而社群媒體廣告緊追其後。廣告預算日益轉移，直接朝向線上行銷（online marketing），反而較少投入離線行銷模式（offline marketing），如平面印刷媒體、紙本信件、電視廣告等。

　　麥格納公司（Magna）是美商艾比傑媒體行銷股份有限公司（IPG Mediabrands）的研究單位，報告顯示，在 2017 年全球的數位廣告支出額是 2,090 億，第一次讓電視廣告支出額黯然失色。2017 年，電視廣告支出額僅達 1,780 億。

　　到處皆有許多搜尋引擎，也因結構、搜尋策略、效率而各有不同。但是，根據市場調研機構 Netmarketshare 在 2018 年一月所做的報告，Google 對 74.5％的研究產生巨大影響力，一如我們先前所述。雅虎（Yahoo!）採用「Bing」當作他們的搜尋引擎，僅對 8% 的研究產生影響力。

　　為求最佳曝光率，務必使你的網站列入這些網站內，也要列進其他參與者，例如：Ask、Yahoo!、美國線上（AOL Inc.）；只要你的網路事業提供某種服務，而大家喜歡搜尋此類服務，即使僅能呈現少數搜尋流量，也很有用。為了有效利用搜尋引擎，吸引訪客前來你的網站，要慎選關鍵字，不論是網域名稱（domain name）、標題標籤（title tag）或首頁內文，對於你的搜尋引擎排名，都能拼寫出不同差異。網域名稱、標題

標籤和首頁若有豐富關鍵字，可以提振流量。

使用關鍵字時，切記要使這些字自然出現。你可以查一下 Google AdWords 和 Google Insights，大致瞭解針對人們會使用何種字詞搜尋你的分類。看看推特（Twitter）最近幾個月的趨勢話題，找出線索，知道哪些人談論你所提供的商品或服務。你可以縮小趨勢話題的選單，找出區域面的結果，或甚至是零碎的結果。

要登上搜尋引擎前幾名，可提交你的網域名稱到各類搜尋引擎，這是最簡單的方式。持續不斷讓你的網址（URL）盡量出現在搜尋結果裡，次數愈多愈好。要有耐心，頻繁造訪這些搜尋引擎，研究你的紀錄檔案，密切注意搜尋引擎，看哪些能為你帶來最多流量。如果你的網站需要變更（尤其是你的首頁），想往前推進你在搜尋引擎的排名，請務必這樣做。花費時間，提交網址到最受歡迎的常見搜尋引擎。

可使用免費的網路工具清單，包括：

- SiteReportCard.com：在搜尋引擎優化友善度（SEO-friendliness）[*] 裡，比較你的網站與你的競爭度。
- LinkPopularity.com：在非常基本的格式裡，哪些網站可

---

[*] 可以讓搜尋引擎容易抓取、有利於索引、有利於搜尋排名，以及讓讀者想要閱讀、分享、或是連結，稱為 SEO 優化。

以連回你的網域名稱，把這些網站全都列出來。

- iSpionage.com：在搜尋流量方面，顯示你如何與競爭對手競爭。

務必記住，Google 的搜尋市占率如此顯著，所以要花最多時間，精簡你的關鍵字，在 Google 獲致成功很重要，因為這個搜尋引擎可使你以最小的代價獲得最大的收益。

也要切記，**分類愈細，愈有更佳機會**，贏得獨特的訪客。舉例來說，比起「鼓類」和「運動服」，「敲擊樂器」和「溜冰裙」較為明確，也有較好機會贏得點擊。想想看，在你搜尋某項物件時，你的用詞可能會有多麼明確，然後把這一點套用到你的事業裡。

付費搜尋服務

許多公司也使用付費搜尋服務，當作 SEM 的補充物。基本上，這些服務容許你付費給某個搜尋引擎網站，讓你的網站出現在某個使用者的探尋結果裡。有 3 種類型的付費搜尋服務：付費提交（paid submission）、付費收錄（Pay For Inclusion，PFI）、付費置入（pay-for-placement）。

在付費提交裡，你可以利用預設費用的搜尋服務，提交你的網站供人點閱，期望該公司的搜尋引擎接受並納入你的網站，但前提是你的網站需要符合所述的提交辦法。雖然付費提

交保證可以即時點閱已提交的網站，也有接受或拒絕的注意事項，但是在清單編目裡，不保證你一定會被納入或置入某種特定次序。

　　付費收錄方案容許你提交網站，在固定時間內，保證納入某個搜尋引擎的清單編目資料庫。在搜尋資料庫裡，雖然付費收錄保證將已提交的網頁或網站列入索引，並未保證你的這些網頁將名列特定探詢前幾名。

　　付費置入可依你所選的用詞，保證你名列某項搜尋清單排行榜。這也稱作「有償安置」（paid placement）、「付費列表」（Paid listing）、「贊助列表」（sponsored listing），這項方案保證在搜尋結果裡置入你的網站。Google 還提供「點擊付費式搜尋廣告」（pay-per-click search advertisement），Bing 也有提供。這項廣告服務占了 Google 廣告年收益的三分之一，而專家說他們注意這些廣告的成功與否，對他們自身的事業模式有很大重要性。

　　針對你希望出現的用詞，這些方案容許你喊價競買；然後，每當有人點擊你的列表，你可同意付出某些金額。付費置入的費用一開始大約是每次點擊就花 5 分美金。按照你希望網站出現率愈高，金額也會隨之升高。關鍵字愈有競爭人氣，所負擔的金額也愈大。比方說，關於「網頁寄存」（web hosting）一詞，如果你希望搜尋結果出現在第一頁，喊價結果可能是每次點擊就要支付幾美元，但假設你是要推廣燈塔旅遊，可能每

次點擊僅需 1 角美元，即可高居前幾名。

在 Google AdWords 方案裡，Google 出售「付費列表」，出現在常規結果的上方與側邊，也會出現在合作夥伴網站上面。既然得花一些時間，讓一個新網站出現在 Google 內，這些廣告機會提供快速服務，讓你的網站被列出。

至於 Google AdWords 推廣活動費用，全看你願意支付多少錢，以及你有多麼瞭解你的觀眾群而定。歸結而言，你要知道自己的目標，要使 Google 知道你的目標是什麼。若某個廣告商對關鍵字的喊價最高，點擊率（clickthrough rate, CTR）也最高，Google 就會給予最高排名。最小的「每次點擊成本」（costs per click）起初僅需 1 分美元。為使你的廣告占有較佳位置，可到 https://support. google.com/adwords/，取得更多洞見和訣竅。

Bing 搜尋引擎有「Bing Ads」，不需要付費即可創建帳號，僅在有人點擊你的廣告時，才要付費。廣告商對關鍵字喊價最高，且點閱率最高，即可獲得最高位置。你可以按照天數或活動期間來編列預算，由電腦程式的測量基準協助管理你的結果，還可進一步洞察，哪些人點擊之後成為你的顧客。Bing能夠觸及 Google 無法接觸到的某些觀眾群，並且宣稱有27％的點擊是來自 Bing 獨有的搜尋結果。所以，可花點時間，以兩種搜尋引擎進行實驗。

另一種可供查用的付費搜尋程式是「米瓦商業程式」

（Miva's Merchant program, miva.com），是一家大型的搜尋廠商，也為草創之初的網路小型企業提供軟體和其他解決辦法。

建構社群媒體觀眾群

一提到在社群媒體行銷任何事物，若無大群追蹤人數，你的成就非常有限。要攀至高峰可能很難，但是創業家暨軟體工程師 R. L. 亞當斯提供以下 3 點訣竅，讓這趟旅程留下一大片足跡：

1. 定義你的「利基閱聽受眾」（niche audience）：你的目標鎖定誰？要明確界定。這很重要，因為你是在為目標受眾（intended audience）整理資訊內容，展現出來。你所做或所說的一切，必須對應到這些人。就行銷來說，這稱之為你的「客群人口」（demographics）。你愈能界定你的客群人口，成功機會就愈高。

2. 增添「海量價值」（massive value）：若無增添海量價值數額，你無法在社群媒體獲致成功。市場競爭激烈，事態高漲。要找出方法，可向其他人分享你的專門知識，幫助你的追隨者。你愈把焦點放在這般心態，愈有可能長期成功。

3. 協力合作（Collaborate）：在社群媒體，找出志同道合的創業家，你可與之協力合作。與對方溝通，互相伸出援手，建立一個群組，或找出某些其他方式，可與他人共組團隊，而這些人境況與你相似，或是具有類似的追

隨者人數。眾志成城的力量不可小覷。不要期待自己單打獨鬥或自力完成。隨著時間推移，如果你想有永續不斷成長的追隨者人數和粉絲，請登高一呼，與他人進行聯合承攬。

——R. L. 亞當斯（R. L. Adams），
創業家媒體撰稿人暨 WanderlustWorker.com 創辦人

善用當地搜尋

想要當地顧客找到你？那麼，請試試當地的搜尋引擎廣告，讓你從特定某一州、城市或甚至鄰近地區，鎖定廣告目標。有愈來愈多的小企業使用當地搜尋。2017 年，弗雷斯特研究公司（Forrester Research Inc）發現，有 71% 的消費者利用搜尋引擎，進行首次購物搜尋；有 74% 的人說他們使用搜尋引擎，進行「考量購物」決策。

如同其他搜尋引擎廣告，當地搜尋可讓你密切追蹤帳戶，找出哪些關鍵字最能成功吸引顧客上門，以及你每日花了多少時間。

如你所想，大型搜尋引擎公司也提供當地搜尋選項。在為每個網站提供的主要搜尋行銷頁面上，你也可找到這些服務。

如何行銷你的網站

一旦你備妥計畫，建立信心，投入你的網路事業、讓訪客找到你的網站、精簡客戶服務問題、保持網站更新之後，即可把焦點放在廣泛行銷你的網站，超出起初的網站搜尋範圍。一般人認為，網站一旦生成，即可魔術般的自我行銷，但事實正好相反。

假設你有個網站，行銷某本烹飪書，該書是由你集結家傳祕方製作而成。你盡力做好每件事，保持網站淺顯易懂，也有穩定的買家流量。建立有效率的網站，你已經很厲害了，但實際找到網站而來訪的顧客人數依然有限。一個嶄露頭角的網路創業家該怎麼做？首先，你可利用「互惠連結」（Reciprocal Link），展開略施友善的交叉行銷（cross-marketing）。

互惠連結

幸運的是，其實可以讓其他網站為你解決這項難題。某個辦法即是「互惠連結」；經營網路事業絕對有必要知道如何運用這點。首先，針對你感興趣的客群，搜尋哪些網站也有相同客群。探尋與你網站相似的網路，不過，也要找出與你主題有關卻不完全相同的網站。舉例來說，如果你行銷的是可供下載的生日卡，你應該找尋某些網站，在某種程度上有關生日、週年紀念日或任何類型的問候卡。

「互惠連結」意指，**你同意在自己網站放上其他網站的連結，而其他網站也同意放上你的網站連結**。理論上，這不同於付費廣告宣傳相關網站。這是「建立關係」，不是付錢加入。畢竟，你的目標是要打造收入漏斗（income funnel），維護方式要簡易便宜。草創事業之初，若把所有年收益全都投入廣告並不合理。所以，如果你要銷售首飾，你應該想要連結到其他珠寶網站。

但若某個網站所售物品不僅專有你所賣之物，你也應該與之產生連結。理由很簡單，如此一來，你可曝光在更多潛在買家面前。比如說，會在網路購買首飾的人就只是這麼多人。但若有人造訪當地新聞網站、時尚網站或婚禮網站，只要有人發現有管道可供購買，或許會有更多人前來購買首飾。

你的目標是要創造一個網路聯網，願意與人彼此交換連結。務必保持機警，看看哪些互補網站願意互享連結。一旦開始研究合適網站，自己要懂得從潛在顧客角度思考，研究他們可能使用的關鍵字詞。一旦發現你的顧客可能造訪某些網站，請開始蒐集資訊，瞭解所需互享的連結。舉例來說，你有必要辨識網站主人是誰，才有辦法直接聯繫他們。要這樣做，請逕自查詢網域名稱登記網站，例如：www.godaddy.com，這是一個大型的網域註冊網站。輸入你感興趣的網站位址，如果資訊是公開的，應該可以看到網站主人聯絡資訊。

你可以透過電子郵件或社群媒體，進行首次聯繫。但接下

來打通追蹤電話，較有可能產生正面結果。所以，看到你感興趣的網站，請努力找出聯絡電話。你的首封電子郵件應該是個人性質的，但也要非常專業。在信件標題欄，別寫出任何看似廣告或特價銷售的事。相反的，僅需要寫下「要求更多資訊」或「某些提問」即可。在電子郵件內文本身，請提到主人的名稱、其事業名稱，以及與你彼此互換連結的好處。內容須簡明扼要。等個一兩天，再打電話給這封郵件的收件人。

提到這位預期連結的主人，一開始要先補充說明對方的網站，利用這一點，介紹你自己的網站事業。解釋你的網站，強調你的連結能如何與對方的事業互相配合。解說交換連結的好處，回答他們可能提出來的問題。一旦他們同意交換互惠連結，請將你的 HTML 編碼寄給對方，請求對方做同樣的事。

若要讓你的連結發揮最大效果，要求對方把連結網址放在交換網站的退出頁面。退出頁面是大多數網站訪客所見的最後一頁。通常也是網站首頁，所以請要求對方把你的連結盡量置於首頁底端可見之處。假如有連結頁面，也應該把你的聯絡方式放在那裡。當然，你自己的網站也該有一個連結頁面。

創建互惠連結也會增進你在搜尋引擎的能見度，因為你的連結在其他網站出現次數愈多，網站愈易被編入索引。創立連結，或許是你該做的首要之事，引領顧客前來你的網站。

事實上，有 80％ 的時間，大多數人會回到相同的網站。他們可能偶爾瀏覽其他網站，但多數時候，他們只會回流到以前

造訪過的網站。也就是說，要讓新的訪客前來你的網站，其實
有點難。但這些人前往自己最愛的網站，看到你的網頁連結置
於其上，等候他們前來，你就會處於較佳境地，使他們也變成
你的顧客。你在別處的連結愈多，訪客流量也會愈多；流量愈
多，你將收到更多的被動收入。

考慮聯盟行銷

就網路被動收入而言，「聯盟行銷」（affiliate marketing）
是其中一項最快、最簡單的起始方式。你所選的方法，創站和
營運的投資額可能極少，全都依你偏好的行銷模式而定，以及
你需要外包多少項目，而非自己進行。最棒的狀況是，你所建
的任何網站種類皆能適用此法，不論是部落格、一般興趣網站
或電子商務店面。一旦打下基礎，你主要的持續成本是讓廣告
促銷你所售之物，你僅需選擇要多還是要少來施行。

聯盟行銷基本上是一種方式，讓你賺取現金，推廣銷售物
件或服務，毋需負責該項訂單的產品、出貨或履行。你與某家
企業、公司或個人達成協議，推廣他們的產品，一旦某項物
件是透過你的聯盟帳戶賣出，按照該項銷售額的百分比率或金
額，你抽取佣金，當作回報。你與那家企業創造雙贏的交易：
對方獲得免費廣告，有了原本不可能觸及到的顧客，然後針對

你所參與的工作內容，給你報酬。對方支付佣金給你，基本上這是在他們的行銷預算內。就某些公司而言，這是它們專有的行銷形式。

　　至於與你合作的企業主，好處遠大於任何缺點。他們可以決定想要提供多少聯盟行銷報酬，而佣金成本遠低於傳統廣告成本費用。在這種情境裡，就連顧客也是贏家；既然聯盟者和企業極度有動機進行銷售，在聯盟行銷世界裡，銷售量和優惠券就變成重大部分。只要願意投入時間和心力，進行設定其實低風險、高報酬。讓我們探索運作方式。

個人化的聯盟連結和 Cookies

　　有兩種聯盟方案，可用來追蹤你所傳送的潛在人選：

1. **個人化的聯盟連結**：如果你的聯盟方案使用連結來追蹤銷量，你可以取得登入和某個連結，關聯到你的帳戶，然後以此傳送給顧客，而這項購物會轉回追蹤給你。

2. **Cookies**：有些方案使用 cookies，而非個人化的連結。Cookies，是種小型文字檔案，又被稱為「小甜餅」，是極小塊的資料，用來追蹤某人的線上使用習慣。這是一種查知方法顧客來自何處，以及購買何物的方法，就像是麵包屑的痕跡，顯示顧客起源之處，以及他們如何抵達網站。

不同的方案有不同的持續期間政策。有些公司採取終生付費制，每當你傳送某個潛在顧客給他們，而這位顧客購買了某物，你就收到佣金。其他方案僅在初始銷售時付錢給你。甚至某些方案有特定的時間範圍，30 天、60 天或 90 天等，在這段期間內，你傳給他們的潛在顧客若達成購物，他們就會付錢給你。選擇聯盟方案，而其中的 Cookies 至少持續 30 天，對你有好處；如此一來，由你導引所致的全部買賣可為你建立信譽。在你以聯盟方案繼續行進前，應該先找出這項資訊。

進行聯盟行銷前，請仔細考慮

如同任何事物，聯盟行銷也有幾個缺點。若你不願意學習與快速適應，就不太可能成為非常成功的聯盟者。人生大多事也是如此，你必須樂意投資自己的時間、能量和耐心，才能使事情運作良好。各處的小型銷售都是絕佳商機，但如果你想讓這個成為你網路被動收入的主要來源，你必須有辦法成交多筆買賣，才能賺進顯著的金額，把自己的心力想成是在投資事業。這條脈絡有兩種考量：第一，創建系統並設定能取得持續不斷的潛在銷售機會；第二，要選擇邊際利潤較高的供銷業務，以事半功倍的心力，賺到更多錢。

要讓這項成為長期永續的收入，你必須創造促銷策略，導

致連貫的銷售量。正如同任何值得起飛的事業，這需要投入心力、時間和貢獻。若你有某些搜尋引擎最佳化（search engine optimization, SEO）或付費流量產生法的經驗，這條路徑會較為簡單。

最後，請保持雪亮雙眼，選擇對的聯盟。若商家網站沒有達到一般水準，或是太慢、有太多錯誤而無法正常工作、充滿謬誤，而且不是以成交量為方針，你也同樣會慘輸。若網路零售商無法正確運轉網站，顧客欠缺信任或信心。你無法親自處理這項問題，所以在成為聯盟之前，務必審慎考量，這點很重要。瀏覽一下這個網站，自問：「從這裡購物，我會覺得舒適自在嗎？」若答案為「否」，你可能需要重新考慮，是否與這家企業成為聯盟。一旦成為聯盟，你會受到這個商家或企業的支配，因為是由它們銷售實質的產品。

聯盟行銷的類型

在現實裡，任何企業都能創造聯盟方案，並且招募聯盟，當作行銷策略的一部分。然而，你所接觸到的大多數供銷業務可以歸結為三類：產品、服務、店面。我們將簡略探索其中差異，可協助辨識哪一種選項可能最適合你。

產品

有兩種類型的線上產品可尋求聯盟：實體產品和數位產品。無論哪種方式，你將採用的行銷策略其實改變不大，但這些策略各有自成一套的優點和缺點。

＊實體產品

優點：並非所有顧客皆買數位產品，卻有相當多的顧客購買實體產品。如果你所選的產品有良好銷路、是由信賴品牌製造、透過可靠網路商店出售，那麼這種銷售方式前景可期。

缺點：實體產品最大的缺點即是運送成本，並需要等一段時間，產品才會送達。另外，對於某些產品，消費者在購買之前，希望能夠試用。有時這會造成網路購物的阻礙。

＊數位產品

優點：「即時滿足感」是數位產品其中一項最大優勢。消費者可以立即下單，享受所購產品，同時覺得興奮無比。如果你能協調潛在顧客的問題，且有數位產品可供問題解決之道給他們，轉化率就會相當高。不需要負擔多餘的出貨成本費用。

缺點：數位產品通常浸泡在激烈競爭裡，你必須卓越出眾。另外，在確保產品正確下載方面，你也會受到零售商的擺佈。有時候，數位品如此複雜，讓消費者不知所措。這也可能有礙該位潛在顧客額外購買。

服務

大多數人一想到聯盟行銷，腦海浮現的第一件事通常是銷售產品。然而，網路也有聯盟方案，可供許多人付費取得服務。某些例子有：

- 諸如稅務籌備方面的金融服務
- 社群媒體和數位行銷服務
- 專業服務（網頁寄存、付款流程等等）
- 旅遊相關服務，例如：Hotels.com、Travelocity。

購物網站平台（storewide）

將顧客引導至各種網站，並讓顧客購物，這些網站會針對整體購物給你佣金。這種方式絕佳，且有彈性，行銷對方所售的某件產品，卻可為其他產品增加曝光率，而這位潛在顧客可能將其他物品也加到購物車裡，或者，你也可以僅是全面促銷整間商店。

如何找到想促銷的聯盟產品與服務

一開始著手進行時，在你能應付較小型市場之前，可於某些經過證實的聯盟行銷網路試試水溫。它們全都有相當類似的

目的，但有各自的流程、規定和限制。重要的是要花時間詳讀各種方案如何運作，並確保這是你的最佳首選。

需要研究某些方面，包括：

- **註冊標準**：每個網路或方案都有自己的註冊標準，若要加入聯盟，就必須接受這些標準。起初，你可能不符合某些標準，不過請繼續嘗試，因為其他人也與你一樣從頭開始。
- **款項安排**：每項方案的款項政策都不一樣。你的收款方式可能是即時性的、每 7 天一次、每兩週一次或每月一次，而在某些情況下，是在 60 天後才開始付款給你。請瞭解你的條款，才不會遇到自己兩手空空，還得負擔已經產生的廣告費用。
- **限制**：確保你瞭解規則和限制，以及這些事如何融入你的網路被動事業模式。

若有任何問題或疑慮，註冊之前請花時間提問，因為註冊之後，你就必須遵守自己所同意的條款和服務。

廣受歡迎的方案

有許多方案可供你研究、探索與實驗。花一些時間，研究這些網站，想清楚哪一個最適合你。我們也許可以為你列出每

項方案優缺點，但每人情況獨一無二，所以須由你自己判定哪一種資源最為合理。

以下是幾個廣受歡迎的方案：

- DealGuardian (http://dealguardian.com)
- JVZoo (www.jvzoo.com)
- ClickBank (www.clickbank.com)
- CJ Affiliate (www.cj.com)
- ShareASale (www.shareasale.com)
- PeerFly (https://peerfly.com)
- Amazon Associates (https://affiliate-program.amazon.com)

在這領域打滾的人，最棒的事莫過於他們暢所欲言，能直言喜歡與討厭的事。你可以逐一搜尋這些方案，找出眾人對於每項方案的諸多喜好與憎惡。若你花時間略為研究，即能辨識哪一種方案適合你，也符合你想對網路事業所採行的方向。

如何評估哪一種聯盟方案適合你？

哪一種方案最適合你？這大多與你行銷的產業類型有關。你的目標客群是誰？你想要挑選一些方案和供銷業務，對你的

市場產生意義。你思考的首要之務，應當是「這項供銷業務是否符合你目標市場的需求」。除此之外，這其實有關選擇某項方案，而其中的流程與指南符合你的感覺。至於怎麼挑選，沒有任何神奇藥丸可以給你。現在，你明白重要準則了，你只要做好盡職調查即可。

有許多聯盟行銷方案可供使用，網路上每天都會出現更多方案，但一如上述，每項方案的產生方式皆不相等。沒有辦法可以仔細審查所有方案，告訴你哪一些是合法的，而哪一些是詐騙的，但這裡提供幾件事，給你參考。

如果某個聯盟方案要求你預先付款，**這就是詐騙**。千萬別預先繳錢成為聯盟者；聯盟行銷是相互受惠的商定協議，不該預先付錢。

如果那個網站**充斥彈出式廣告和橫幅廣告**，最好避開這個網站。正當的聯盟行銷方案不需如此大量行銷它們自己。

如果聯盟方案請求你帶人混進來，這不是聯盟行銷，而是「多層次傳銷」（multilevel marketing, MLM），是一隻截然不同的野獸（第 10 章將會有相關說明）。

如何選擇聯盟供銷業務

選擇正確的供銷業務，對你的成功至關重要。要成為成功

的聯盟行銷者，以下有某些訣竅：

- **產品與服務的品質**：所選的供銷業務要讓你引以為傲，願意附上自己的名字。你希望潛在客戶認為你是可靠來源，他們才會針對欲購之物回頭尋求建議。

- **商家網站**：不要相信商家網站表面上宣稱的統計數字。四處瀏覽這個網站，觀察你個人的體驗，宛如你是初次造訪的買家。網站的版面設計是否良好？你能否找到自己想要的東西？是否體驗良好？將會再次回返嗎？

- **佣金**：不用說，大家都知道，佣金給的愈多，這項供銷業務愈吸引人。這可能是以邊際利潤呈現，或是具有較長的 cookie 有效天數。

- **EPC**：這一詞意指「單次點擊所賺收入」（earnings per click），也呈現了聯盟者從銷售所賺的平均收入。請特別注意，所選網站能否提供高額 EPC 給你。

- **退貨率**：選擇退貨率較低的供銷業務。

- **深層連結（deep linking）**：若網站不允許深層連結[*]，會妨礙到聯盟者的轉換率。所欲推廣的供銷業務，要容許你直接連結到供銷業務的登入頁面，你才會有更多的轉換率。

---

[*] 深層連結指的是可以透過超連結，打開指定的頁面，而非只能連接到主頁。

- **製作行銷內容：**不要光靠商家提供的內容。要製作高品質內容，使競爭對手無法與你匹敵。
- **流量變化：**不要只靠單一流量來源。

推廣你的聯盟供銷業務

你的工作就是要驅使引人興趣的流量到這些供銷業務裡；你所驅使的流量愈多，每人可賺的錢就愈多。有太多方式可做到，所以行銷技能必不可少，也可經由學習而得。你甚至不需要自有網站，許多人透過社群媒體平台，成功出售聯盟供銷業務，這僅是取決於你選擇什麼事業模式。

要能有效行銷聯盟產品，方法何其多，但此處所談的是最普遍可及的方法，提供給初學者。隨著你的網路產品推廣技巧日益進步，你愈能依照比例決定自己的心力，產生更多領薪日。我們來看看，成功的聯盟者推廣自己的努力時，採用哪幾種方法。

寫部落格

如果你有部落格或想走這條路，重點是要依序瞭解這件事，使其產生效益。寫部落格文章、建立讀者群，必須一貫堅持下去。僅是每星期出現一次，只寫出某些隨機聯盟行銷連

結，不會造成太多成效。你無法因此成為受人信賴的物品推薦代言人。另一方面，如果你打造的部落格社群讓人有興趣參與其中，而且提供高品質內容，加上你偶爾提出的供銷業務，你的部落格將運作良好。

假如你有在管理部落格，並建立某一特定市場的清單分類，你即有這份彈性，混搭你文章內容的種類。針對供銷業務寫一些內容很棒，但其實你也能將聯盟廣告置於部落格頁面右側。你甚至還可添加導引，依照主題和類別，將不同供銷業務分組。在自選的產業裡，若你想幫你的網站打造成權威網站，這是特別有用的作法。

電子郵件行銷

提到最古老又最有效的賺錢方法，其中一項就是利用電子郵件進行聯盟行銷，不過前提是你要有相關聯絡人的郵件名單。擁有一份清單，上面有幾百位可信的追隨者，就像有了一份聯盟年金收入一樣，並能利用電子郵件賺錢。也就是說，你必須持續培育那份名單內容，定期傳遞非關聯盟供銷業務的有價值內容，這樣才能成功。若你運用「頻繁促銷」的電郵行銷活動方式，你最後會喪失名單客戶和你的收入，而你也可能被Google列入黑名單，如此一來，你所發的全部信件，會被潛在客戶電郵帳號過濾到垃圾郵件區塊。

若你尚未有名單，花時間和心力建構一份名單，肯定值

得。若能散發同一份電子郵件給許多人，推廣你有興趣銷售的產品，是一種簡單有效的方法，可以事半功倍賺更多錢。根據這項領域專家的估計，經過精心組合的一份客戶名單，每位訂閱者預計為你產生每月至少 1 美元收入。其他什麼種類的行銷工具可以做到這些？

許多人會購買電子郵件名單。但在你草創之初，我們不建議這樣做。購買電郵名單，效果可能真的很好，也可能糟糕透頂。對於哪些高品質資源值得信賴、哪些資源理應避免，要經過一番閱歷，才有辦法應付。

付費廣告

數位行銷人公司創辦人雷恩・戴斯（Ryan Deiss）常說：「如果想要流量，可以到流量商店購買。」付費流量真的很有效，但在一開始，可能使你應接不暇，一旦犯錯，代價十分高昂。請探尋可靠的外包解決辦法，投入一些時間和金錢，去上一些課程，或針對你可能想用的付費流量平台，學會瞭解來龍去脈。好消息是，大多數這些平台本身就提供教程和訓練影片，因為它們希望你會使用這些平台。不論你是否賺錢，它們都能從中獲利！我們最愛的某些付費流量平台有：

- Google 關鍵字廣告（Google AdWords，www.google.com/adwords）

- 多媒體廣告聯播網（Google Display Network，www. google.com/ads/displaynetwork）

- 臉書廣告（Facebook Ads，www.facebook.com/business/ products/ads）

- 領英廣告（LinkedIn Ads，www.linkedin.com/ads）

- 推特廣告（Twitter Ads，https://biz.twitter.com/ad-products）

- 繽趣推廣圖釘廣告（Pinterest Promoted Pins，https:// business.pinterest.com/en/ promote-on-pinterest）

- 相關網站上的橫幅廣告（上一章有提到連結建構訣竅，你可以從中找到資訊）

免費廣告

付費廣告並不是你的唯一選項。然而，提到網路付費廣告與免費廣告，請記住「一分錢一分貨」這句俗語，通常很有道理。以下有幾種方法，可供取得免費廣告。其中某些方法容易實行，而如果你力圖極致被動經驗，其他方法可能較為費勁，使你更加勞心勞力：

- **免費廣告**：諸如「克雷格列表」（Craigslist, www.craigslist. org/ about/sites）與美國免費廣告（US Free Ads, www. usfreeads.ws）等網站和更多其他網站，確實都是免費

的，但需要持續投入時間，因此並不建議用來當作主要的廣告管道。

- **影片行銷**：許多聯盟者身具某些製片技能，創造促銷短片，上傳影片到 YouTube，然後宣傳這些影片，以此賺取健全收入。如果你擅長讓影片名列 YouTube 熱搜排行，這個方法效果很好。

- **YouTube 合作夥伴計畫（YouTube Partner Program, YPP）**：這會連結到你的 Google AdSense 帳號。基本先決條件是要在你的影片置入廣告，一旦有人觀看廣告，就能與 YouTube 共享從中所得的收益。

- **社群媒體廣告**：透過自然參與度（organic engagement），在社群媒體網路行銷你的聯盟連結，方式正好與付費廣告平台相反。這是可建構名單且進行銷售的絕佳方式，請務必切記，如果你在社群媒體平台建立名單，也需要擬定計畫，從這份名單賺錢。一開始常見的是，許多人創造了廣大追隨族群，卻不瞭解如何從中賺錢。

社群媒體受眾一旦成為行銷對象，感受會非常靈敏，所以銷售者要小心注意。提供有趣資訊，且其中不帶任何推銷內容，藉此努力與追隨者定期互動。附帶一提，如果你是 Facebook 大型社團某個成員，而且這些社團與你的供銷業務有關，一旦你成為社團裡頗有分量的發文者，你可以藉機附

上連結。你甚至還可向社團主人提出「佣金共享」。在諸如 Facebook 之類的領先平台，想成功的關鍵在於，要盡可能光明正大、公開透明，小心遵守社團規則，合乎規定。

哪一個平台對你最具意義？大多與你涉入的市場有關。你可做一些研究，找出目標買家最常閒晃的地方，以及他們最常使用哪一種通訊管道。

靠聯盟行銷，能賺多少錢？

正如大多數其他事業模式，你能賺，且將賺到的金額都並非固定，這一點不讓人意外。某些日子、星期和月份可能收入頗佳，其他時候則不然。你需要一個長期平均值，確實估量賺了多少收入。假日通常是銷售旺期，夏天通常是淡季，除非你是賣游泳裝備。如同其他事業，你投入什麼，就得到什麼。這種方法是在賺取網路被動收入，不是在密謀「一夜致富」。不過只要你堅持下去，並且做出正確選擇，即可立刻獲得顯著數額的金錢。

在你所選的市場裡，若你確實相當瞭解買家意圖，也就是所謂的「購物原因」，你的勝算會更高。在行銷和引流方面，不論是否已有某些經驗，也不管你是否為初次學習，都要密切關注買家意圖。為什麼顧客尋求你所售之物？你的買家受眾族

群人口告訴你什麼事？他們的終極需求是什麼？瞭解這類意圖，不僅有助於出現在目標買家面前，也可提供訊息呈現眼前，說中心聲，談及他們尋求什麼。

最後，聯盟行銷不會特別難，但過程也不是十分容易、快速或甚至無痛。若是如此，人人皆可為之。若你想找的是迅速致富的方法，這可能非你所求。但只要你樂意投入心力、時間和貢獻，你可從中大量獲利，你的品牌和財務未來也是如此。

想法梳理

打造並經營一個被動獲利網站，僅是其中一把鑰匙，打開一扇通往永續被動收入的門。隨著你的網站演變，你不斷進行調整，使賺錢潛力最大化，終究將會打中最有效的擊球點；只要付出最小程度的心力，就能讓網站產生錢財。一開始，可能涉及大量奔走，詳細調查。但到最後，一個獲利可觀的網站將會自行運轉，幾乎不花時間維護。網站事業良好，肯定是其中一項最佳的收益產生方式，卻完全不是你唯一的獲利機會。

在下一章，你將學到，為何股市總是其中一項最吸引人的現成事業投資。更重要的是，即使全無經驗且資本極少，你也可以找出方法，從不動產立刻開始建立被動收入。

第 5 章

最容易上手的股市投資

　　截至目前為止，我們討論在網路上創造被動收入，你已閱讀到如何投資自己的部分。即使網站事業投資額相當小，也能有一貫的成果。稍後，你將讀到自我投資（self-investment）的概念。但在接下來 4 個章節，我們來看其他非常重要的被動收入，一開始此處先談股票投資，後來會提到不動產。

　　股票與不動產這兩種投資，已證實為成功投資工具，尤其是用來創造被動收入。投入某些時間、想法與相對較小的金額到其中，你肯定能夠為人生帶來更大的財務自由。但這些事不會自行發生，「知識」與「紀律」必不可少。接下來的章節裡，我們將把焦點放在這兩項要素。不過，在你開始跳入日常交易或面談潛在投資經紀人前，你應該先考量股票投資與不動產投資有何不同。

　　股票與不動產基本相似，但也是非常不同類型的投資。舉個例子，假設你買下一塊出租物業，房貸還沒繳清。你當初買房時的自備款金額，會影響你對這塊房產的實質擁有權。如果這個房產購買價是 100,000 美元，而你的自備款是 10,000 美元，你對該項房產僅有 10% 的所有權比例。其餘的所有權歸屬放款方。假如房客支付房租，你能以許多不同方式，使用這筆收入。

　　你可把錢花掉、儲蓄，或投入房貸繳款，你對該項房產的所有權比例就會愈來愈大。在某方面，股市也差不多如此。當你購買某家公司股份，你就擁有該公司某一小部分比率的所有

權。如果股票分配股利，你可以把股利花掉、存起來，或重新投資，正如你對不動產的作法。這些是股票與不動產間的相似性。不過現在，要來說兩項很重要的差異。

第一，在某種程度上，**不動產是實質物品，股票則不一定**。一間房子是你可以親眼看到，也可用手觸摸的有形產品。但股票所有權卻較具象徵性，若需有形的投資證明，你拿到的只不過是一張證明書，且通常不會發給你。最有可能的是，你的經紀人開立收據，這就是你唯一的購買證明。當然，不動產交易和股票買賣都是合法的，也是受到法規約束的生意交易。但股票具有象徵性的本質，會產生某些重要的心理作用。

在股票與不動產間的流動資金，還有更重要的一項差異。

簡言之，比起賣出房子，賣出股票更快且更容易。對許多人來說，股票買賣也較為刺激。這就是你在本章將學到的事，如何讓錢入袋，產生這種興奮感。不過，即使是興奮刺激的被動收入賺錢方法，也需要計畫。

擬定股票計畫

我們先來看看，關於股票投資，最首要的關鍵原則是你必須擬定計畫，且要堅守計畫。進行首樁股票買賣前，**務必清楚自己的目標，絕對不可忘記這些目標**。切記，你的目標是要創

造被動收入，以此達到財務自由。你的目標並非是要賺取「快錢」（quick buck），也不是要每天進行多次興奮刺激的股票交易。事實上，你可擬定世界上最佳的交易策略，但若你不堅守自己的遊戲計畫，即毫無價值可言。

回到第 1 章讀到的內容，你知道，在開始做任何事前，你必須先瞭解自己的動機和目標是什麼。你是否想投資金錢到共同指數型基金（mutual index fund），或是用於低收益卻安全的投資配置，然後暫時擱置、忘掉它的存在？或者，你較像是敢於冒險的人，想以定期基準，積極參與股票交易？你是否想自我管理，或聘請某人為你處理雜事？

依你對這些問題的解答，你可以選擇採行低風險的長期策略，或也可以有較長的前導時間（Lead Time），選擇投資到某項指數型基金，提早適應較高的風險，而隨著時間推移，可趨於穩定，成為中低風險組合。此處有永無止境的策略可能性，大多端視你的目標而定。

一旦腦內有了清楚策略，你必須把它想成一台機器，而這台機器可於規定時期內，全面自行運轉。你可以密切觀察，但無法干預機器運作。聽起來很難做到嗎？答案可能沒你想的那麼簡單。若要知道原因，請考量以下例子。

想像你已經創立一套軟體程式，可在網路預測賽馬比賽。你按照歷年來數百場賽馬運動賭注結果，來測試這項程式。而且你知道，長期下來，這會產生正面回報。但這項程式僅對挑

選過的某些比賽下注，也只對每場比賽最有希望獲勝的馬匹下注。所以回報率相當小，大約在 10％到 15％之間。當然，在賽馬運動裡，不太常看到任何金額有一貫持續的回報率，幾乎人人都會輸錢。不過，比起把錢放在銀行，10％到 15％的回報率也相當不錯了。所以你應該高興，對吧？沒有多少人能說自己征服這些比賽。

但是，假設幾天過去了，而你注意到這台機器沒有獲利。一開始你並不擔心，但接二連三失敗後，你開始有點擔心了。萬一你的程式出錯，怎麼辦？或者，要是你對過去績效所做的研究，並非如你所想的那樣精確，又會如何？

情況更糟的是，假設你把賭注下在最有望獲勝的馬匹，可是卻輸了，而且成功的可能性非常小。你已經冒險投入金錢，希望賺到 10％回報，而現在其他人正以「10 比 1」或甚至「30 比 1」的比率得勝。在這些條件下，你是否認為自己可能蠢蠢欲動，應該偏離自己的比賽計畫？你是否認為，你對失敗深感恐懼，可能攻克你對成功的信心？

現在，我們來看看其他可能性。假設你的賭注程式執行績效確實如你所料。一週週過去了，這個程式產生 10％到 15％的利潤。在這種情形裡，你不覺得恐懼，但你可能開始變得有點貪心。你可能開始在想，如果開始進行某些超過一般賭注的賭博，投入到成功可能性非常小的事裡，你或許能夠再賺更多錢。確實，對於你的被動收入報酬，你採取非常保守的態度進

行規畫；但你現在開始想，只要趁機冒險放手一搏，就可以賺到所有的錢。然後，就算機會無法如願以償，你決定冒某些甚至更大的風險，以便彌補損失。

我猜你可以看出，結果將會如何。**恐懼、貪婪或蠢蠢欲動的渴望，會促使投資人放棄原本可以成功的策略**。最常見到的是資深投資人每日操作投資配置，反而被套牢了，以致於忽略長期獲利大局。比起其他因素，渴望連續不斷的日常操作，或許更應該被歸咎為股市失利之因，尤其是目前簡直在短短幾秒內就能完成交易。

假如你有堅實的投資計畫，你必須讓計畫「自動導航」。請避免情緒衝動，不要以日常操作求勝，請務必綜觀大局。當然，這項前提是你有堅實的計畫，而這項前提並非無足輕重。如果你的計畫全盤皆輸，而且你沒有永無止境的創始資本，請核對以下某些想法，今天就開始，賺多一點錢或較少錢。

若有閒錢，請試試這些投資項目

如果你至少有 1,000 美元的閒錢，放在口袋裡讓你心癢難搔，可以考慮把錢拿來投資，而非把錢花在愚蠢輕浮的事情上。但不久之後，有個問題召喚著你：僅用 1,000 美元投資，真的能夠賺錢嗎？可以快速做到嗎？

答案是「可以」，且聲聲迴盪在耳邊。

雖然有許多方式可以快速賺錢，但僅用 1,000 美元投資賺錢，其實可能有更多挑戰，而且坦白說，風險更多。這是一定的，除非你知道自己在做什麼。

然而，撇開所有風險不談，即使你過著上班領薪的生活，同時疲憊不堪又精疲力竭，因為你花時間換取金錢，你依然可能變出 1,000 美元，拿出這筆錢貼補成為投資額，最後轉為一項被動收入。

不過，一頭栽入之前，請務必遵守幾項心態原則。要先移除「匱乏心理」（scarcity mentality），這點至關重要。**我們有太多人心存「東西總是不夠用」概念，以此度過人生。**覺得時間、金錢、人脈、機會總是不夠，無法自我成長，也無力過著更高層級的生活。

這僅是個信念系統，信念會成就未來的你。假如你認為，你無法藉由投資金錢到獲利豐厚的短期投資工具，進而致富或甚至賺到相當大筆金額的錢，那麼這比較屬於心態問題。若是這樣，你也大可不必運用以下策略了。

當然，若有較多錢投資，會比較理想，但絕非必要。只要你能辨識可以奏效的正確策略，你所需做的僅是「依比例決定」（scale）。這是指什麼？這有點類似建構網路供銷業務，透過優化，辨識適宜的轉換率，然後進行橫向擴展（scale out）。假如你知道投資 1 美元可以賺到 2 美元，你將繼續投入 1 美元。

換句話說，在你實施長期計畫時，這項計畫若能夠複製再造且不斷構築，你就是在按比例增加（scale up）投資策略。

一開始先進行小額投資。試試看不同方法、不一樣的策略；再針對你的結果，進行追蹤與分析。不要滿腦子想著如何一夜暴富，這種事不可能發生。但如果你投入小額短期資本一陣子，並以下其中一項方法，以小博大來賺錢，那麼你所做的僅需「依比例決定」。簡單淺顯，不用想太多。

如果你有 1,000 美元投資額，可用於各式各樣的方法賺錢。但有一些方法可以打敗其他方式。這裡的競賽攸關速度，我們不是在談「長期買入持有」（long-term buy-hold）策略。若你尋求為期至少 2 到 5 年以上的資本投資，這種方式是很棒；但我們是在談迅速賺錢方法，使你建構自己的投資桶，持續投資操作，以求後來的長期被動收益。

即使所談到的市場可能要花時間採取行動或有較長週期循環，也可藉由正確策略以錢生錢，通常可將投資項目轉為實際利潤或快速收益。而正確策略是什麼？

拉格西・霍納爾（Raghee Horner）是 Simpler Trading 公司的貨幣暨期貨專家，他說：「長期利率才是下一筆大交易。」吉姆・克瑞莫（Jim Cramer），CNBC（美國的消費者新聞與商業電視頻道）《我為錢狂》（Mad Money）投資節目的主持人，曾說：「有為數眾多的人，天生就無法跟上趨勢，直到時尚潮流退去，才想跟上流行。」如果像這樣進出場買賣長期投資項目，

比起恰到好處看準短期遊戲時機，你反而更有可能輸個精光。

這倒不是在說「非得努力跟上最新趨勢不可」。投資金錢，比較像要小心注意指標，因為這些指標可以確實在短期產生進展，而不是在長期。這也有關以正確方式，為你的投資項目進行槓桿和避險，不致於承擔太多風險而瀕臨危險。以下投資策略可能有助於你適切行事。

角逐股市

當日沖銷交易（Day trading，簡稱當沖）意旨在同一天內買進賣出股票，通常是在網路線上交易，膽小者勿試。這需要勇氣和決心，並要對正在進行中的不同市場力量瞭若指掌，業餘人士請勿輕易嘗試。但如果經過學習，且學得很好，這是一種可用相當小的投資額，在短短幾小時的期間內，迅速賺進大筆金錢的方法。

提到角逐股市，還有一些方法，可以為你的賭注避險。不論你是角逐一般市場或是買賣「水餃股」（Penny Stock，在美國是指「每股價值低於 5 美元的股票」，台灣則是 10 元以下的低價股），要確保你設定「限價停損」（stop-loss limit），縮減任何可能發生的顯著跌價。**「限價停損」僅是一種指令，你請經紀人據此下單，在股票達到某個特定價格時，即進行賣股。**現在，假如你是進階交易者，你可能知道，「造市商」（Market Maker）* 經常推展股票動向，將我們的失敗恐懼或貪婪玩弄於

股掌之間。況且，他們經常將個股下推至一定價格，強化大眾恐懼感，然後再適時進場，讓錢落入自己口袋。

若是水餃股，這種情況會更誇張。所以你必須瞭解自己在做什麼，要有能力分析市場趨力，才可賺取重大獲利。要留意「移動平均線」（Moving Average, MA）。在股票突破 200 日的移動平均線（隨著某段時間過去，某項證券的平均價格）時，通常很有可能不是大幅漲勢就是大舉下挫。

商品期貨交易

你也可以參與商品期貨交易，範圍從農產品（例如小麥、穀物、咖啡、可可亞、糖類）到硬質商品（例如金、銀）都有。諸如金銀之類的商品期貨交易，機會十分難得，尤其是交易時正好處於其 5 年範圍期的較低端。像這樣的「衡量標準」（metrics）可給予強烈指標，瞭解商品期貨的可能進展。情況並非總是一定如此，但通常都是這樣。

「費波納奇法則皇后」（Fibonacci Queen）交易操作方式網站創辦人卡洛琳・波羅登（Carolyn Boroden）說：「我長期支持銀貨市場，並且擇時進出。因為銀子是堅實的通膨避險工具。再加上，諸如銀子之類的商品，都是眾人可以保存的有形資

---

* 一種經紀自營商，持有一定數量的某些證券，同時提供買方與賣方報價，以促進這些證券的交易。

產。」換句話說，諸如金銀之類的硬質商品容易保值，即使是在經濟不景氣的時期。然而，務必切記，商品期貨交易可能很有風險，端視你對期貨市場的知識程度而定，也取決於諸如氣候之類的外在因素。

商品期貨價格受到經濟學基本原理驅動。如果「供不應求」（供應量下降，需求量增加），物價就會上漲。若某個供應鏈遭到任何破壞，將嚴重衝擊物價。舉個例子，假如牲畜健康問題引發恐慌，造成各處牲畜變得稀少，價格將因此顯著變動。不過，牲畜和肉品僅是其中一項商品期貨形式。

其他商品包括金屬、能源和農業之類的東西。若要投資，可利用交易所，例如倫敦金屬交易所（London Metal Exchange）、芝加哥商品交易所（Chicago Mercantile Exchange, CME）等。通常，投資商品期貨意指投資「期貨合約」（Futures Contract）。實際上，這是一種預先安排的協議，可在未來以某個特定價格購入特定數量。這些是以小搏大的「槓桿保證金契約」（leveraged contract），可能兼具大幅漲勢與大舉下挫。所以，千萬務必格外小心。

加密虛擬貨幣交易

加密虛擬貨幣（Cryptocurrency）是一種猶如錢幣的數位資產，可在網路上使用，目前形勢看漲。舉個例子，比特幣（Bitcoin）就是其中一種。由於產業考量，潛在詐騙和安全疑

慮層出不窮，而且萬一投資破產，可能欠缺保障，加密虛擬貨幣交易可能風險極高。雖然如此，若是分散投資風險進行，你能夠將時機不佳的某些交易惡果限制在一定程度內。有許多平台可供交易加密虛擬貨幣。但一頭栽入前，要先教育你自己。找到某些平台的教程，例如 Udemy、Kajabi、Teachable，從中學習加密虛擬貨幣交易方面錯綜複雜的細節，譬如比特幣、以太坊（Ethereum）、萊特幣（Litecoin）和其他平台等。

目前有超過三千種加密虛擬貨幣存在，但僅有少數幾種真正重要。找定某項交易，研究交易模式，探尋長期移動平均線的突圍部分，然後埋首忙於交易。你也可以利用諸如比特幣錢包（Coinbase）、Kraken 和 CEX.io 之類的許多交易所，進行實質的交易。

在一天接近尾聲時，你應該交易哪一種加密虛擬貨幣，以太幣還是萊特幣？雖然大家都在談比特幣，但這兩種加密虛擬貨幣確立已久，也可穩定持有，而非一時狂熱。一時熱潮是否接著擊潰它們？或許有可能。但如果不從所謂的底層插手加入，又怎能找到箇中方法呢？

使用 P2P 網路借貸

P2P 網路借貸（Peer-to-Peer Lending）指的是不透過金融機構而借貸金錢。這是最近很熱門的投資工具。在 P2P 網路借貸關係網（peer-to-peer lending network）進行投資，或

許不會因此致富，但肯定能賺一點錢。要使用哪一個借貸平台？現今，這類平台不勝枚舉。不過，最受歡迎的平台包括 LendingClub、Peerform、Prosper。

這是如何運作？經由 P2P 網路借貸平台，你把一小筆資本借給企業或個人，然後針對還款收取利息。比起把錢存入儲蓄帳戶，你能拿到更多錢，而且你的風險有限，因為每個平台各有專屬的演算法，可為你評估潛在投資項目。

一旦識別某個潛在的投資機會，在決定是否投資某家公司前，你可以深入鑽研，針對這家公司進行某些研究。況且，在大多數平台上，你可自行決定是否接受交易。你可縝密思考各式各樣的數據資料，據此做出投資決定；數據資料包括風險評估，其中也納入了借款人的就業歷史和信用紀錄。

選擇權交易

你也可以進行選擇權（options）交易，這項交易旨在讓買家有選擇權（但不是義務），可於某一特定時間與某一特定日期，買入或賣出某項股票資產。湯姆・索斯諾夫（Tom Sosnoff）是選擇權經紀商 TastyTrade 的共同創辦人。談到選擇權，他說：「要小額交易，時常買賣」。你應該以什麼類型進行交易？諸如外匯（Forex）和股票之類的工具，實在甚多。在選擇權方面，最佳的投資賺錢方式，在公司盈餘發布日的前 15 天左右，進場購入。而你是什麼類型的買家？

出售「買權」（Call）變現，最佳時機則是在公司盈餘發布日的前一天。關於盈餘所得，眾人興奮無比，充滿期待，價格通常因此抬高，讓你始終都是贏家。不要撐過盈餘發布日才賣。來自大型交易網站 Simpler Trading 公司的約翰‧卡特說，假如你不是經驗豐富的投資人，這項事業很有風險，也是你不想參與的投機冒險。

接下來這一節，我們將看看不同的投資者類型，他們如何從股票創造被動收入。你可以發現，為何某些投資者策略很管用，其他策略則不然。有些良好機會，能幫你賺一些錢；還有甚至更佳的機會，讓你免於遭受更多損失。僅需明白你的「為什麼」，還需由衷明瞭自己是什麼類型的投資者。

不懂動機，你就無法制定好的投資計畫

人皆認為，自己各有一套股市賺錢妙方。但事實上，某方法對某人有效，卻可能不適用於其他人。所以，在我們一頭栽入策略討論前，首先請切記某項指導方針。股市的投資金律非常簡單：一開始，請先明白你「為什麼」要踏入股市，清楚知道「為什麼」你要進行任何交易。既然你知道自己的目的是要創造被動收入，即可集中注意力到這項金律的第二部分。

許多投資人不知道為什麼要買股票，不明初衷，因此，只

要股價突然下跌，接下來就不知道下一步該如何走。另一方面，假如投資人瞭解自己為何進行買賣，就不會受到日常價格波動影響，據此決定賣出、持有或甚至購入更多股票。

舉個例子，假設你買了 10 股微軟公司的股票。若你有充分理由，預期股價在短期內將會上漲，因此你購入股票；但股價不漲反跌，你很可能想要賣掉股票。你或許會下結論，認為自己依據錯誤資訊做出預測。但假如你購入微軟，是因為你相信它的股價被低估了，且如果條件之後皆未變動，你可能想買更多，因為現在這支股票甚至更被看低。

假如你實在記不住其他事情，請謹記你的「為什麼」。這是你的北極星，應能指引你的買進賣出決策。然後，你可以繼續前進，釐清自己是什麼類型的投資者。

瞭解你的投資者類型

讓我們來看看幾種投資者類型，及其各自的優缺點和利弊得失。我們據實以告，絕不藏私。你很快就會發現，為何某些類型優於其他類型。不過再次重申，不要太快做出判斷。掉入股票投資陷阱是很容易發生的事；而要看出紮實機會，卻不一定這麼容易。

「親友說型」投資者

一開始，先來談談某種常見的投資者概況，有時稱為「親友說投資者」（the brother-in-law investor）。下文是喬（Joe）的故事：

上週六，我的小叔打電話來，跟我說某支絕佳股票的內幕消息。他從鄰居聽來這項消息，然後在網路上查詢這家公司。這聽起來是賺錢機會，但我真的手腳要快。一旦星期一開市交易後，股票很快就會上漲；所以，我浪費每分每秒等候，都有可能損失金錢。幸運的是，我有辦法立刻開立網路交易帳戶，即可盡速進場。這支股票是否分配良好股利？我不能肯定，因為我沒有機會確實搜尋這支股票。所以，我僅能依照所知建議，進行一切。

如你所見，遵循「親友說」策略，顯然有危險：有壓力被迫迅速因應，而且缺乏資訊，全都可能輕易導致不良的決定，或起碼是倉促草率的決定，可能無法證實市場狀況。不過，此處要注意的最大危險是網路消息真真假假，難以驗證真偽；遵循某些傳說歷程，到頭來反而顯然愚蠢至極。事實上，現在的網路猶如親戚鄰居道聽途說，或像你在餐廳耳聞別人談話內容。基於某些緣由，眾人讀取網路內容，可能促使他們即時採取行動，就算這些行動，是他們從未做過的事。

進行股市決策時，絕對別讓網路或你的親友團成為決定因素。盡量從各式各樣的來源，努力獲取更多資訊，而非透過後院柵欄閒談就下判斷。然後，追蹤這支股票一段時間，看看它對變幻無常的金融時事有何反應。要特別注意你股票的交易量。畢竟，如果沒人買進這支股票，價格不可能上揚。幾週後，若你還對這支股票有興趣，而且確定它很契合你的被動收入創造策略，那麼，你大可準備好，放心買進。切記這句俗語：「要信任，但也要查證。」（Trust but verify.）

價值型投資者

有人根據特定公司相關資訊，不看股市整體情勢來買進股票。這些人稱為「價值型投資者」（value investor）或「基本面投資者」（fundamental investor）。瑪格麗特（Margaret）就是這樣的投資者：

每當我決定投資某家公司股票，我是根據這家特定公司的相關事實來做決定。我是在投資這家企業的內在固有價值，從這家公司目前是否證實有能力賺錢，即可看出。不是從未來某一點來看，而是從最近的年度報告來看。大多數人對於「價值投資法」（Value Investing）的定義是以某個低度的「股價淨值比」（Price-to-Book Ratio, P/B Ratio）價值，或某個低度的「本益比」（price-to-earnings ratio），進行股票搜尋的一種過程。相

較之下，若股票有高度的股價淨值比價值或高度的本益比，都是成長型股票（Growth Stock）。如果不是成長型股票，也可能只是所謂的「純粹不良投資」（plain bad investments）。

對任何投資者而言，都應進行基本研究。價值型投資者確實深入探究，針對他們想要投錢進去的公司，進行相關探索。比方說，你很關心環保議題，想確定你只投資不妨害生態環境的公司基金或個股。或許，你還想確認，自己的錢不會流入有違你私人理想信念的基金。那麼，你最有可能是「價值型投資者」，因為你先進行盡職調查，才會決定是否正式簽字放棄你的投資基金。

技術型投資者

價值型投資者的反面即是所謂的「技術型投資者」（technical investor）。這樣的人較不注重某支特定股票的基本面，反而較為在意當前整體市場的上下起伏趨勢。技術型投資者曾被稱為「圖表交易者」（chartist），因為他們的主要就是在製作股價走勢圖，仔細研究。現今，網路資訊隨手可得。有許多不同程式，可供顯示市場歷年績效模式。他們希望未來也繼續呈現這類模式。馬克（Mark）是技術型投資者：

> 每當我買進賣出股票，我的第一步策略是花時間追蹤股票

績效如何,從各式指數型基金面或個股面兩方來看。投入金錢前,我喜歡看看這支股票如何因應市場變化。比方說,我甚至可能回溯幾年,針對發生重大歷史事件的日子,查核某支股票的績效。這些事件包括選舉、颶風,或是大型公司的銷售或結算。如此一來,在類似市場條件下,對於這支股票可能如何反應,我能瞭解大致局貌。

我們剛才討論了三種人,也就是所謂的親友說型投資者、價值型投資者、技術型投資者。若說這些人構成了個人股東的絕大多數,其實也不為過。但在這三項分類裡,其中也有許多變異。比方說,有些技術型投資者研究瓊斯工業平均指數(Dow Jones Industrial Average, DJIA)走勢,也有其他人用圖表標示美國聯邦儲備委員會(Federal Reserve)設定的利率。有些基本面的投資者,在某家公司盈餘創下新高時,反而買進股票,同時其他人卻在當季出售股票,料想股票只跌不漲。還有愈來愈多投資者結合不同方法,成為自有的個人風格。

不論你採行什麼路徑,皆必須明白為什麼要買特定股票,這才是最重要的。如果你按照鄰居推薦而買進,那就開心接受事實吧!然後認清這就是你的購股原因。實際寫下你的買入理由是個不錯的點子,並把理由告訴配偶。在浴室鏡子上,貼一張字條,甚至寫日記也行。但不論理由是什麼,千萬別跟自己開玩笑。要有策略,堅持不懈,且承擔隨之而來的任何責任。

共同投資者：眾志成城的安全性

如果仰賴少數且個別單一的投資不是你的偏好，你可以選擇買進共同基金。到目前為止，你已讀到單一投資者途徑，還有前述的某些變異類型。我們已經討論個人投資者（俗稱「散戶」），這些人自行決定要買進賣出哪些股票。就實際的意義而言，散戶本身遠比他們所用的策略還要重要。為什麼重要？因為在股市裡，真正的重砲大亨不是散戶，而是退休基金、銀行保險公司，以及其他身負數十億美元資金的機構投資者（institutional investor）。

有時，這些機構投資者被稱為「巨象」，部分原因是規模龐大。像有一座游泳池，某隻大象踏進游泳池，水位將會高漲。所以，每當一頭巨象規模般的機構投資者進行龐大購股，也會發生相同事情，價格會飆漲；出於同樣的原因，若這頭巨象跨出游泳池，水位隨即下降，正如某個大型共同基金開始拋售，股價就會下跌。大象對股價深具影響力，相較之下，單一散戶的作用力較像小老鼠，或甚至只是小蟲子而已。

所以，你身為散戶，這對你而言有何意義？為求解答，我們必須回頭看本章開頭所指的重點。我們談到股票與不動產之間的投資差異，而股票這種工具較有流動投資的性質。如果你想買賣股票，短短不到一小時內，即可辦妥。但若你要買賣房屋，可能要耗上一年時間，甚至更久。機構投資者對股市的影

響力實在龐大，因此，有人強烈主張，僅需要買進大型共同基
金的股份就好。**既然無法打倒巨象，何不團結起來，大家一起
成為巨象？**

　　為了導入一項被動收入到你生活裡，從某檔優良的共同基
金開始是絕佳方式。這檔基金的管理人將為你辦妥一切，他們
全權判定何時買進、何時賣出，你僅需收取季度股息即可。
聽起來非常簡單，確實如此。不過，其中仍有少許複雜性。首
先，購買某檔共同基金，不會將你從決策過程完全排除。你依
然能夠判定該買哪一檔基金。況且，基金宛如個別公司，也有
興衰起落，績效時好時壞，無法保證結果盡如所料。基金琳瑯
滿目，但需要投入最低限度的投資額，有時若要提前贖回基
金，會被扣違約金，而且要耗費某些時間才能完成。在某種程
度上，這兩項規定有違你原本投入股市的興致。原本只需要 50
美元或 100 美元，就能投入市場，而你喜歡這樣；但現在這檔
基金告訴你，必須投資數千美元才行。原本你可能喜歡隨時將
投資項目迅速變現，但現在，如果你要將基金變現，可能需要
付手續費。

　　投資共同基金，看似明智選擇，卻可能帶有些許挫折。不
過，若你本來就想投資股市，你是屬於這類人士。坦白說，共
同基金還有一個更大問題，就是有點乏味。隨著歲月俱增，所
買的任何種類幾乎毫無變動。我們的計畫裡，某項重大目標是
要讓你更自由，不耗費全部時間在工作上，話是這樣沒錯。但

許多股市投資人熱切渴望採取行動，耗費時間進行交易，反而比無所事事更為寬慰自在。然而，如果你真的想要「立即上手」的體驗，幾乎完全不想花時間日常維護，或根本就不想管，只想請經紀人代為服務就好，那麼，把錢丟入共同基金的桶子裡，正是你該走的路。

採行共同基金路線，簡易上手，不怎麼需要維護，這些正如你所料。接下來，且讓我們談談，從股市投資裡，你其實應該還要期待什麼事。附帶一提，你應當預料的事，可能與你盼望之事大相逕庭，也肯定與你夢想之事大不相同。但好消息是，這也可能與你恐懼之事迥然相異。

台灣輕鬆看盤 APP 推薦

1. eToro：以色列金融新創公司，提供美港歐股、ETF、外匯、貴金屬等多樣的投資產品，手續費低，適合想要定時買股票的投資者，目前在全球已累積上千萬名用戶。APP 商店 4 顆星評價。

2. 艾蜜莉定存股：提供愛蜜莉觀察清單、個股體質評估、估價法等功能，幫助投資人從股市中選出低價好股票，也能使用雲端儲存自選股，紀錄你有興趣的股票紀錄，並計算價格。APP 商店 4 顆星評價。

3. 好老公選股：Dr.Selena 獨家「三高一低」策略，幫投資人選

出便宜又安全的股票，也有短線趨勢分析、基本面資訊、自選股追蹤等功能，讓投資時將數據一目了然。APP 商店 4.7 顆星評價。

4. 投資先生：提供完整的證券、國內外期貨及選擇權等市場行情，下單介面簡單，更有智能選股、進階選股及專家嚴選功能。同時也能看股市新聞、投資節目等功用。APP 商店 4.2 顆星評價。

5. 選股達人：提供「技術線圖」、「選股達人」、「投資組合」、「盤中即時」等功能與資訊，更有「集思廣益」聊天室，讓投資人可以交流投資心得與資訊。APP 商店 3.3 顆星評價。

6. 股票快選：國泰證券推出的選股 APP，免登入、免註冊、免開戶即可直接試用，也提供線上開戶服務，解鎖更多功能。每日更新時間為下午 2 點至隔日早上 9 點。APP 商店 4.9 顆星評價。

7. 股人阿勳：利用「價值河流圖」、「獨創雙評價法」、「6 種精選選股區間」、「多元輔助指標」、「大盤資金控管」等功能幫助投資人選股，更提供教學文章與影音導讀，幫助使用者打好理財基礎。APP 商店 4.9 顆星評價。

8. 股票挖土機：多樣化的組合選股方式、各式財務報表，讓投資人可以輕鬆找到好股票，還可以分享私藏選股策略給其他人，更有懶人選股功能可讓使用者快速下單。APP 商店 4.4 顆星評價。

9. 股市籌碼 K 線：專給散戶使用的籌碼面分析 APP，利用 5 大選股功能幫助使用者能輕鬆分析股市。也提供討論區、台股即時新聞、大戶散戶交易動向等功能。APP 商店 3.3 顆星評價。

10. 丹尼爾 - 主流強勢股：收錄 6 大功能，包含選股策略、大盤多空、財務分析、族群監控、多空雙向和看盤頁面，只要 5 步驟就能輕鬆操作。APP 商店 4.7 顆星評價。

　　有些 APP 需訂閱解鎖更多功能與使用權限，請詳讀使用說明並多方比較後，選用適合自己的看盤工具，才能幫助你在投資時省力又省時。

投資前，要先做好哪些心理準備？

　　為了從股市打造被動收入，首先必須尋求一致性。不管價格漲跌，股票都要能分配相宜的股利，才是你所需的股票。這看起來似乎要求很多，但因為許多股票都契合這樣的描述，所以並沒有那麼困難。既然股票總是帶來良好投資報酬率（Return on Investment, ROI），即有理由相信，股票總是如此。股票宛如棒球隊裡優秀的一壘安打手或二壘安打手，可藉此贏得許多比賽。或許股票不像美國棒球史上最有名的球員之一，

貝比‧魯斯（Babe Ruth）擊出這麼多全壘打，但眾所周知，魯斯的三振出局率也遠勝歷年任何球員。打造被動收入時，你無力禁得起太多三振出局，這也是你該注意的事。

再次重申，這事關心理層面。我們的社會大多重視即時滿足感；擁有強大動機的人受到栽培，對自己有高度期許。他們想獲得許多事物，而且要立刻得到。包括股市投資者在內的人士，通常期望甚高，也期待愈快愈好。

打個比方，大家都知道，天氣預報有其難度。你讀了明天的氣象預測，得知可能會下雨。但到了隔天卻整日陽光普照。會發生這種事，是因為天氣是混亂且毫無章法的系統，時間範圍愈短，混亂狀態就愈大。若你仔細觀察水滴滑落窗戶玻璃，即可預測，水滴最終到達底部，但你無法預料將會花費多少時間到達底部，沿途又會遭遇多少波折。這包含了長期的可信度，但也包含短期的隨機性。

以同樣的方式，即可區分「天氣」與「氣候」的差別。假如你住在芝加哥，就能肯定，1 月整月比 7 月還冷，這是氣候。但你無法確定，1 月 10 日這一天是否將比 1 月 11 日還冷。再次重申，時間壓縮得愈短，所造成的混亂狀態空間就愈大。

來說說股神華倫‧巴菲特（Warren Buffett）。他是有史以來最成功的股票投資人，也名列世界富豪之一。對於投資，巴菲特給了很簡單的定義：「現在灑錢投資，而在未來獲得更多金錢回報。」但未來是指什麼？是指明天，或從現在起的 10 年

後？兩者都是未來，無庸置疑。不過我們必須把焦點放在長期的未來，以便收割小規模的立即獲利，界定所謂的被動收入。

投資小歷史

若想明白為何這一點如此重要，且讓我們綜觀歷史來看。尤其請試圖想想看，在 1964 年到 1981 年間，所有發生過的事情。人類首次登陸月球、越戰發生、水門事件醜聞、披頭四樂團風靡一時，吉米・卡特（Jimmy Carter）與隆納・雷根（Ronald Reagan）兩者截然不同的總統執政風格，還有更多事等。經濟方面也有許多變化，包括通貨膨脹失控、1970 年代的石油危機。

儘管如此，美國的國內生產毛額（Gross Domestic Product, GDP）卻上升了 370%。美國《財富》雜誌（*Fortune*）500 大企業的整體銷售量大幅增長了 6 倍以上。而股市發生何事？1964 年 12 月 31 日，瓊斯工業平均指數（Dow Jones Industrial Average, DJIA）處於「874」這一點。而在 1981 年 12 月 31 日，這項指數處於「875」這一點，恰好只前進了一個點。如果你買的共同基金是列入瓊斯工業平均指數，你或許會是相當氣餒的投資人。另一方面，若你頑強堅持守住自己的共同基金股份，一直到 2018 年為止，或許就不會那麼心灰意冷，因為截

至本文撰寫的此刻，道瓊指數已經接近 25000 點。

目前為止，你可能看出，經濟體的不同區段如何看似各自獨立為政。你認為，諸如瓊斯工業平均指數之類的衡量標準將與 GDP 齊步前進，但實際情況並非如此。在個別產業內，也會發生相同類型的脫節情形。

汽車事業正是此例。在 20 世紀期間，汽車具有難以置信的影響力，觸及美國人各方面的生活。曾經有一段時間，有幾乎 20％的整體勞動人口以某種方式，受雇於汽車產業。如果早在 1900 年你就預知所有這些事，可能認為已經找到金礦之鑰。只要投資汽車業，萬無一失。

但是，我們再靠近一點看看。你可能會很訝異得知，在 1900 年到 1999 年間，誕生了超過兩千種美國汽車款式，差不多全都失敗了。到了 20 世紀末，僅剩通用汽車（GM）、克萊斯勒（Chrysler）和福特（Ford）依然在美國設廠製造。所以，假如在 20 世紀初，你挑選一家汽車公司當作投資項目，投注賠率勢不可擋，你可能輸個精光，儘管汽車確實讓我們的生活方式澈底改觀。

就這方面而言，巴菲特曾經提出真知灼見。與其下注汽車業成功，一個 1900 年的投資人倒不如下注打賭馬匹產業失敗，成果還可能較好。20 世紀初，美國有 2,100 萬隻馬匹；到了 20 世紀末，僅剩不到這個數字的四分之一。所以，雖然僅有少數幾家汽車公司撐過整個世紀，但幾乎所有的輕便馬車和四輪馬

車公司都破產了。是否有任何人想過，針對馬車製造商下注打賭，或是進行「賣空」（selling short），一如華爾街常見手法？顯然沒有人想過這一點。因為他們已經變得這麼有錢，我們都知道，他們是名聲響亮的人物。

底線在於挑選股票當作投資項目，可能很刺激，但也非常攸關機運，就算是精明老練的買家也是如此。如果你的主要興趣是被動收入，要細看某些公司和共同基金的股息歷史，這就是最佳課程。然後，把你的錢投入最強勁的那幾檔。使用這種收入，買下財務自由，這就是被動收入生活方式的目標，同時，或許也要把一小部分的獲利重新滾入本金，進行再投資。

另一方面，在被動收入與興奮刺激行為需求之間，若你想加以平衡，這也是合法正當的選擇。但是，有數百萬獨立散戶每天犯下最常見的錯誤，如果能引以為鑑，避開錯誤，經濟狀況就會比以前更佳。

第 6 章

股海中不犯錯，
才能用錢賺錢

現在，你會滿腦子想著自己的「為什麼」、是什麼類型的投資者與著手投資時的基本宗旨；現在也該是時候，針對傳統共同基金路線範圍以外的投資，更深入挖掘還有哪些選項。在本章裡，我們有時會採納投資高手的觀點，可能超乎你對被動收入方案的預料。不過，切記被動收入本身並非終極目標，被動收入的目標是要為你帶來自由。

如果你決定投資股票，藉此獲得些許自由，你在本章將可找到一些有價值的資訊。若你並不傾向於成為股市的積極參與者，你依然可以購買股利配息證券，從股票產生被動收入。如你在前一章所讀，這些選項包括共同基金。但或許你對合理的投資行動數量也會感興趣，如同你對某些收入額一樣感興趣。

接下來將提到，有時「不犯錯」就是正確行動的關鍵。所以我們要深入探究，個人投資者（散戶）最常犯下的某些錯誤，不僅是在買進股票之時，在賣出股票時也會。一開始先談及某些長期性的錯誤策略來源，然後集中注意力於戰術性的錯誤，這些錯誤每天會發生數千次。

先訂定目標

首先，請先瞭解本章不僅是列出可能會出錯的大小事。內容提到的每項錯誤，其實都有正向的另一面，可以轉譯為獲利

面。比方說，漫無目的進行投資，或許是最常見的首要錯誤。「我的目標是要賺錢」，這句話很容易說出口，但在街角販售檸檬水，也算是為了賺錢。更別說股市是一種更加複雜的遊戲。

所以，請審慎思考，你想從投資中得到什麼；不僅要從金融財務面思考，也要從情緒面思考。謹記你的「為什麼」，如果你的主要興趣是持續一致的收入和安全保障，你是否已經準備好，把你的錢完全移交給某位基金管理人？若你想保有更多掌控權，你願意承擔多少風險？

定義目標時，務必加上時間範圍。要清楚你給自己多久時間，來完成這些目標，以及你想在何時重新評估這些目標。比方說，假如一年過去了，而你對自己的共同基金並不滿意，千萬別出於慣性繼續持有。請選定某一天，針對某項投資項目的成效檢視思考。這是否貫徹了你買進股票時的目標？或你的目標已經改變了。倘若情況看似如此，請先確認這並非是因為你厭倦了目標，以及相關的實現計畫。

要成功投資，「耐性」是其中某項真正關鍵。若缺乏耐心，你會因為錯誤的理由，太過頻繁轉換方向。即使自認有長期目的，許多投資人仍短視近利。追根究柢，要先清楚知道自己的目標，可能會頻繁變換投資配置，也可能極少做出變動。重點是做出每項決定時，必須神志清醒；要先判定真正想成就何事，再以此開始。

進門前，先檢視你的情緒

在定義目標的過程中，許多投資人會聚焦於市場可能的走勢，卻不夠注意自己對市場的情緒面。不考慮市場週期造成什麼情緒影響，這是第二大錯誤。**每當情況發展順利，很容易極度相信自己是金融天才**。既然你真是金融天才，甚至更輕易認為自己是宇宙主宰。

幾年前曾發生類似情形，當時有某檔股市基金（stock market fund），名為「長期資本管理公司」（Long-Term Capital Management, LTCM）。創辦人是幾位真正聰明絕頂的學術經濟學家，他們自認有一套萬無一失的股市投資妙方。有一陣子，這套系統成效絕佳，也吸引了投資人數十億美元的錢。

問題在於，在那個時機，幾乎任何系統皆可成效絕佳，因為整體市場正處於股票行情看漲的階段。因已享受好幾年處於高點了，一旦市場衝量變向，這些基金經理人難以接受從高處跌落。他們太愛那種快感，所以任何其他境況似乎全都讓人難以忍受。更重要的是，投資大眾已經相信，這些無懈可擊的金融天才確實存在。到最後長期資本管理公司垮台，震驚大眾，幾乎造成市場完全澈底崩盤。

箇中原因非常簡單，投資人原先過分誇張的樂觀，卻很快陷入過度誇張的恐懼。不切實際的情緒總有辦法做到這一點。所以請務必覺察自己的感受，確定自己的感覺能與現實同步。

避免一時的投資跟風

投資風行一時的短暫熱潮，或投資於投機買賣的**趨勢**，都是第三點錯誤。美國的「寵物用品網」（Pets.com）這支股票正是一例。這家公司在網路販售寵物用品，在網際網路泡沫時期，這家公司是媒體寵兒，受到大肆宣傳炒作。美國亞馬遜公司首席執行長，傑夫・貝佐斯（Jeff Bezos）也坦言，自己有投資「寵物用品網」，承認這是他犯下的其中一項最大錯誤。

不只貝佐斯遭遇此事，許多人也曾遇過類似境況。公司宣傳炒作知名度，股價每日增長（至少有一陣子是如此沒錯），眾人被沖昏頭了。這家公司首次登上紐約證券交易所（New York Stock Exchange, NYSE），才短短 9 個月，「寵物用品網」就變得一文不值。所以，每當你看到某支股票價格**飆漲**，你聽到的全是這家新公司非常熱門，要把這項消息當成警訊，而非買股訊號。

此處有個簡易方法，可以記住這項忠告。張開你的右手，伸直全部手指。然後把右手朝向你的臉，看著手掌心。在這隻手的最左邊是「尾指」，也就是小指。這代表股票剛上市之時的股價，引起你的注意。股價相當低，所以你不太感興趣。但看看接下來發生何事。

下一個手指是無名指，代表股價顯著上漲。現在，你更靠近一點看看。肯定有許多人熱買這支股票。或許這是真正趨

勢，而且機不可失。事實上，下一次你核對股價時，股價甚至更高了，正如同你的中指，是你這隻手掌中最長的手指。你決定不想再等了，於是在股價歷來最高點買入股票，因為確信股價將持續飆漲。畢竟，自從你第一次看到它以來，除了不停上漲，都沒發生其他狀況，對吧？

但請看看接下來的手指頭。現在是食指，比中指還短，象徵股價跌勢。漲勢衝量看起來這麼大，股價怎可能下跌？股價倒退，你有點擔心，但你不想當膽小鬼。你決定堅守股票，等候股價走勢再度正面上揚。可是現在，看看你的拇指，代表股價突然急遽下挫。不久之前，你才剛覺得興奮無比，現在看到這幅景象，瞬間墜入黑暗深淵。你實在痛苦難受，不得不賣出股票，即使損失甚大。

關於股市投資操作，我們手指的長短是否意味著某種天賜訊息？答案無從得知。但我們描述這樣的順序，恰好是絕大多數散戶遭遇到的事，這點毋庸置疑。只要你讓「盲從跟風」念頭縈繞於心，而非慎選股票，正好就會發生此類狀況。甚至更糟的是，即使如此，大多數人無法從錯誤汲取教訓。或許就是這樣，人類才有兩隻手，需要兩方考量。

慎選水餃股

既然我們在談「跟風投資」的危險，需要附帶一提某個相關股票類別。

以此為主例，說明要謹慎跟風。這裡要聊聊「水餃股」，在美國是指每股價值 5 美元以下的股票，具有高度投機性質。水餃股的價格很低，看起來是吸引人的賭注，不過，這類投資有幾項嚴重問題。第一，你是在賭這些股票的價格將會上漲，而就被動收入目的而言，這個主意肯定不太妙。第二，為了博取賺錢機會，你必須交易大量股數，交易手續費也跟著變高。況且，水餃股也更加容易受到詐騙和人為炒作的影響。你的交易或許完全合法正當，但在水餃股的世界裡，曾有不少白領階級犯罪判例，請千萬不要忽略這類事實。

在網際網路時代，人人皆可自稱專家，盲從跟風卻身陷泥淖，卻也遠比以往更加容易，請務必意識到這一點。還記得之前提到的「親友說」投資策略嗎？網際網路猶如終極的「親友說」投資指南。資訊泛濫，網站設計精美，就連愚蠢點子看起來也令人信服。可是，萬一網路建議出了紕漏，反而得不償失。網路可以是良好的資訊來源，但是要把它看成是你親朋好友的道聽途說，而非值得信賴的父母。

以正確合理的觀點來估計股利

如果公開上市的公司有盈利，即有義務，透過每季分配「股利」（dividend）款項，與股東分享這些利潤。你擁有的股

份愈多，你每季的股利支票額就愈高。用股利打造被動收入的絕佳方式，請探尋哪些投資項目可以持續穩當支付股利，務必要以長期觀點來看。許多資淺投資人尋求迅速賺錢回報的股利，卻幾乎總是犯下錯誤。

在此說明原因。每當某支股票即將分配股利，對消息靈通的投資人而言（包括大型機構基金在內），這項新聞並不讓人詫異。因此，在分發股利之前，**預期的股利金額幾乎反映在股價上**。也就是說，你會支付較多錢給這支股票，而理所當然，股價上揚，將有損你的股利收益淨額。換句話說，這是用錢來買股利，反而還多付了錢。

在資產配置裡，持有配息股票是個好方法；公共事業股票尤其可靠。但這並非唯一打造被動收入的方式。除非你百分之百厭惡風險，否則要採多元化的投資配置，較為合情合理。你的某些股票幾乎肯定會分配股利，但某些其他股票長期以來則不然，僅是偶爾發放。

不過，如果你進行研究且小心買進，你可能買到物美價廉的未來「績優股」（Blue-Chip Stock，又稱為「藍籌股」，是由信譽卓著且財務穩健的公司發行的股票，無論景氣好壞，長期以來都有能力配發股息。）倘若這些股票確實支付股利，這些錢都是純利（pure profit），不內建在你原本支付股份的價錢裡。

看懂收益報表

　　為了探求股利，卻太過看重收益報表，也是類似的錯誤，尤其是在新的報表即將要發布之前。如同對於股利的看法，市場將會預期收益報表所示內容。這項正面預期將會反應在股價裡，甚至遠在你想要買進股票之前，可能就已經是如此。所以，就連真正優良的收益報表也不可能讓人大吃一驚。既然大多數公司符合期許或超過預期，這對任何人都不是新聞，除非真的是市場菜鳥。就算你也是菜鳥，顯然也不該光看正面收益報表就買進。

　　事實上，看看某家**未達盈餘期望**的公司，可能對你比較好。稍微研究一下，為何發生這樣的事？管理階層是否有辦法矯正這種情形？如果你的感想是這樣，這支股票可能是良好的長期投資。同時，股價也可能即將下跌，甚至創造更多較為吸引人的機會。

　　務必明白，股市裡的高低具有相對性質。某支股票要價300 美元，可能看似太高，而 3 美元的股價可能看起來物廉價美。但你必須把價格置入背景脈絡來看：這家公司的基本長處和短處是什麼？這些是否準確反映在股價裡，或市場是否犯了錯？市場通常不會犯下太多錯誤，至少不會太久。**千萬別因為股價很低，就認為值得買進。反之，也不要因為股價很高，就認為不值得買入**。所謂「逢低買進，逢高賣出」，真正的意涵

是「**購買那些受到低估的股票，賣出那些受到高估的股票**」，很多人不懂這一點，導致犯錯。

最終其實你會有好機會，看到的某股價格恰好正是股票所值。所以，不要假定某股賣得過高或過低。最好假定有數百萬個投資人落後這個價格，卻已看到你所錯失之事。

避免大師症候群

有些小型投資人僅是跟隨股市知名大師的領導，試圖簡化這些功課。這位大師可能是作家或電視節目人物，或是像巴菲特之類的重量級投資者。有人在股市賺進數百萬美元，可能值得不少人仿效，雖然如此，你的目標與動機勢必與他人非常不同；光靠模仿任何其他人，並不能達成目標。問題在於仿效別人的言行舉止，無法讓你開發出自己專屬的真正策略。

舉例來說，巴菲特的投資策略多年來顯然對他成效良好，但這項策略是長期持有某類精選股，據此操作。除了讓他賺進很多錢之外，這種作法使他覺得舒適自在。可是，難道你會因為他覺得自在，自己也跟著覺得自在嗎？再者，巴菲特的典範難以追詢，因為他鮮少大動干戈。你可能想以某個較為積極的人當作榜樣，所以請務必研究不同的股市大人物。不過，如果你要進行這類研究，或許也可以僅是研究股票本身，然後自行

做出決定。

是否該忽視或模仿股市大師？要從中取得平衡，才是最佳的過程。如果只因為大師深具影響力和錢財能影響市場，你當然能夠遵循某些這類投資者的作法。但從這個意義來遵循他們，需要多加留心，而非只是模仿。盡己所能，學習一切，但務必學會為自己著想。

避開同溫層朋友圈

先前提過「親友說型」投資者，你的朋友也很可能類似這樣的人，他們自有一套投資主意。聽聽他們怎麼說，但不要光憑表面就採納任何人的建議。這不是說他們的建議並不可取，或許他們說的話沒錯，但要找出朋友是從哪裡取得資訊。如果他們有經紀人為他們賺進大把鈔票，那就請他們為你引薦。如果他們自有策略，請對方教你方法。你可以決定不採信，但在過程中，或許也可學到某些事。

有時朋友也會借助其他人的智慧，通常來自他們的股票經紀人。有些人開口閉口都在講「我的經紀人說……」這位經紀人是何等人物？是股市專家嗎？相當有可能。是否有自己專屬的一套議程？也有可能。基本上，股票經紀人只是業務。他們試圖賣服務給你，只有在你買進賣出股票時，才會參與其中。

提到經紀人，一定有個問題很難回答：如果他們這麼瞭解股市，為何還得繼續在證券經紀商工作，而非參加巴菲特每星期舉辦的橋牌遊戲？這個問題可能有點不公平，但世上無人有力量預測未來，就連「奧馬哈的先知」（The Oracle of Omaha，業界以此尊稱股神巴菲特）也無法預料，儘管有時候我們寧可相信有人真能做到。

投資操作不是體育競賽

截至目前為止，我們看到不少投資操作的錯誤，可以簡單總結有哪些。許多人犯下基本錯誤，就是把投資買賣與體育競賽混淆不清。這就是為什麼，大家常講「跑贏大盤」。他們聲援自己的股票，猶如為自己最愛的球隊加油吶喊。他們最愛的市場大師簡直就是偶像，宛如所愛的絕佳投手或四分衛。這全都太過情緒化了，尤其是在個股開始走跌時。我們自問：「是否該因為這支股票頹廢不振放棄？如此一來，我們算是哪種粉絲啊？這種作法是否是背叛？」

如果你的想法就像這樣，要提醒自己：你不是粉絲，你只是投資人。身為投資人，其中某部分帶有情緒體驗，但絕對不要多愁善感。談到投資操作，「成功」是一個相對性的詞語。在理想情況下，我們認為成功就是「賺愈多錢愈好」。不過有

時，**成功僅是「少輸一點就好」**。如果某支股票走入跌勢，而基於良好理由，可以看出事因，你可能有必要縮減損失。聰明投資人不僅知道股票何時面臨失控，也會立即採取行動，放開這支股票。出於同樣原因，如果某支股票已經顯然低於價值，就不該太過高估它的價值。

反面來說，股票呈現漲勢，而你不願意賣出，因為深怕賣出之後股價漲得更高。遺憾的是，這項問題沒有那麼容易得到解答。**檢驗自身的動機，才是最好的辦法。**你是否出於恐懼而蠢蠢欲動？這通常不是好主意。或你是受到貪婪引誘？看到獲利很少，是否自覺深感失望，因為你想像著原本的大額獲利居然溜走了？有太多方式，可以說服或勸退你進行幾乎每件事，尤其是談及投資時。但你確實僅需如此：保持自律，不要貪婪，也別恐懼。

如果你為股票附加太多情緒，到頭來會輸得很慘。厲害的投資人有時聰明反被聰明誤，部分原因是他們耗費無數心力，找出「正確」的股票。他們閱讀投資相關書籍，巧妙構思選股系統，仔細審查收益報表和市場趨勢。最後，投資人縮小選擇範圍，僅選出一支特別的「瑰寶」。可是，假如你讓這支股票成為你的驕傲和喜樂，簡直把它當成自己的小孩，到頭來卻會嚴重損失，而你痛苦萬分。事實上，對股票產生情感依附，只不過是出於人類天性，而人類總想趨吉避凶。但為了趨吉避凶，難道非得不惜破產一試嗎？

當沖交易的優缺點

　　進行「當日沖銷交易」（day trading，簡稱「當沖」），是否值得？大多數理財顧問都會說「否」。為什麼？「當沖」是指，在同一天內，迅速買進且賣出某些同檔股票。在時間和資源方面，非常緊繃。傳統投資建議會說，你最好尋求長期穩健績效的機會，而非以當沖來炒作短線。這項忠告所言不假，不過卻忽略了某項事實：某些當沖交易者（day trader）確實有所獲利。

　　手腳要快，步調迅速；這樣的行為起初可能相當倉促。大多數進行當沖的平民百姓因缺乏基礎知識和工具，以致於無法成功。因此，根據「莫特利傻瓜」（The Motley Fool）網站報導，大致有 80% 的當沖交易者到頭來成績滿江紅。此外，既然美國國稅局（IRS）是以一般所得稅率課徵當沖利潤的稅費，而不是以長期的「資本利得」（Capital Gains）來課稅，若你真的賺到獲利，到頭來還得繳回巨額款項給國稅局。

　　當沖交易者若想要賺錢，要探尋那些具有高度「β值」的股票。「β值」用來量化股票在某一特定市場內的漲跌速度。基本上，比起周邊市場，這些業務較具波動性。針對 2014 年的常見當沖股票，「莫特利傻瓜」網站進行了一項分析，以「β值」明確看待，判定這些股票是否為良好投資項目。舉個例子，在當時，「慧儷輕體公司」（Weight Watchers，一家體重管理公司）的 β 值是 3.34。也就是說，這家股票的漲跌速度是市場速度的 3.34 倍；在常規的市場動態裡，這是很顯著的躍動。在某個快速漲勢之前，先行探底插手加入，然後以高點賣出，即可迅速賺

到鉅額。當沖交易者要找的股票通常像是依靠高額交易量，可以提供迅速利得的股票。

當沖交易者也會參考水餃股。每當美國證券交易委員會（United States Securities and Exchange Commission, SEC）報導某些水餃股每股交易價僅值 5 美元或更少，由於高度交易量之故，儘管是水餃股，反而能夠造就大量獲利。當然，若想遵循這條當沖路徑，需要經過相當大量的研究，也需要靠運氣。一般美國人沒有時間以此法參與市場，這也就是為什麼，投資專家通常建議「穩定漸進式」的投資途徑。

假設在 20 年前，你投資 10,000 美元到德州儀器公司（Texas Instruments, TI）或美國輝瑞公司（Pfizer）。現今，這些投資額將各自價值 145,700 美元與 113,400 美元。如果投資 10,000 美元當沖，你可能到頭來一無所有。再說一例，假設你投資諸如伊士曼柯達公司（Eastman Kodak）這類公司，你的 10,000 美元將會蒸發到僅剩 3,500 美元。每樣投資都帶有風險！

最近，「二元期權」（binary options）以風捲殘雲之姿，占據當沖世界；以新的高回報投資項目，進行多元化的投資配置。二元期權（Binary options）正在取代外匯（Forex）*，成為熱門的交易選項。

二元期權是一種金融投資工具，針對某項資產的未來方向，當沖交易者用來持有某項部位，這些資產包括股票、商品期

---

* 「外匯」是一種分權管理的全球市場，全世界的貨幣可在其中進行交易。

貨或匯率等。簡言之，二元期權是一種「下賭注」方式，針對尚在考慮中的資產價值，打賭是漲或跌。投資人實際上並不擁有該項標的資產。

若要交易二元期權，必須透過交易平台。所找的平台需有經紀人監管，提供一系列範圍的標的資產，且有真實的客戶評論。要做到人人滿意，實在不容易，雖然如此，如果平台真的值得信賴可靠，理應有大量正面評論才對。

雖然當沖交易肯定牽涉龐大風險，二元期權交易或甚至外匯交易是可以涉足的方式，風險較低。如果你沒有時間熱切參與交易，當沖交易可能不適合你。但是，假如你正在考量新的速賺選項，二元期權交易策略值得進一步探究。開始進行之前，先考慮開立練習帳戶，學會箇中訣竅，才不會賠錢。

——布萊恩・休斯（Brian Hughes），
創業家媒體客座作家暨「整合行銷顧問公司」
（Integrity Marketing and Consulting）首席執行長

察覺市場狀況

另一項問題是，萬一情勢生變，市場不會發出電子郵件通知你。你必須以每日為基準，多加留意。但為了密切追蹤你的

投資項目，請準備好投資所需的時間。若你實在不太想這麼做，那就堅守共同基金，僅需以每季為基準，審視所有情況。如果你有使用證券經紀商的服務，也可用程式設定，只要達到某個高價或低價，即可自動賣出你的股票。但要知道，不論自動買賣與否，每項交易都有手續費。而手續費可能持續累計。

一般而言，經濟循環時有興衰起落，股市也是如此。漲勢之後，跌勢可能緊接而來。當然，景氣旺盛時期，人人皆想進場買股；但若要投資人在熊市時期進場，宛如拔牙。話雖如此，在拮据時期，反而有較多物美價廉的投資項目。如果在這段歲月裡退出市場，可能會犯下大錯。

知道何時該蓋牌

本章花了大多數篇幅討論買股決策。但比起進場買股，唯一更難的是要判定何時賣出。在本章結論裡，我們把焦點放在某些簡易指南，協助你判定是否賣股。對於是否有必要立即停損或繼續牟利，請務必密切注意。

許多投資人發現，賣出股票是很艱難的決定，特別是如果這是一家強勁公司，有提供某些良好的被動收入。但極少有股票能夠不受整體市場情勢影響而存在，就連市場區段也可能產生影響。某支良好股票績效開始變差，即是代表已經逐漸走下

坡了，這種情況數見不鮮。

歷史是一位好老師，說明這項原則。當年，網際網路泡沫熱潮，市場大幅跌勢緊接而來，科技業全面受挫。不僅股票債台高築、毫無收入，原本獲利豐厚的公司，即使具有堅實穩固的企業結構，也開始貶值。不過，這件事確實帶來殘酷教訓，在許多情況裡，眾人堅守科技公司股，依然癡癡等候這些股票，想要收復他們的損失。然後，這樣的等候超過 10 年之久。

如果你持有的股票產業已經兵敗如山倒，就算是績優股，也差不多是該賣出的時候了，因為面臨強大的下挫拉力，就連績優公司也難以保證安全。千萬別忘記，關於成功的股市投資操作之道，股神巴菲特的首要鐵律是：絕對不要賠錢！

假如你其中某支股票正在上漲，請切記：**只有在你賣出股票，從檯面取回你的錢時，你才算是真正獲利**。儘管事實明顯如此，許多投資人喜歡看著自己的股票在線上飆升，享受樂趣，自認已經賺了不少錢，以此膨脹自我評價。事實上，你不會因此賺到半毛錢，除非你按下「賣出」鍵。所以，請別害怕按下這個鍵。

若某支股票突然持續驟升，你可以感覺到這支股票失控了。它的本益比變得過度膨脹，引起媒體注意，而你開始在想，這支股票可能繼續漲得多高。停止揣測吧！賣出你投資項目裡的至少一小部分，或許應該賣掉持股的三分之一或一半。如此一來，你能夠從檯面取回些許獲利，然後依然待在這場遊

戲裡。假如股票真的直衝雲霄，你也不會因為賣掉全部股票部位而唉聲嘆氣。

要知道何時賣股，真正祕訣在於，務必盡量讓你的消息靈通。沒有任何事能比新聞時事更加影響股市。請閱讀《華爾街日報》（*The Wall Street Journal*）、《紐約時報》（*The New York Times*）商業財經版、網路上的投資網站，並大量閱讀其他事物。保持消息靈通，如同買了保險；你愈是知識淵博，愈能受到保障。

總而言之，關於股市投資操作，沒有任何一面是精確的科學。至於要知道何時賣出，僅有某些指標可供線索參考。從他人錯誤汲取教訓是絕佳策略，以免自己犯下相同錯誤。如果某家穩健公司股價每況愈下，請找出原因，查知這個產業目前發生何事。評估股票時，切記保持頭腦清醒，別對股票依附太多情緒。

最後，絕對不要忘記「知識就是力量」。某些人已經成功進行交易與投資操作，請閱讀他們所寫的著作，因為他們提供相當豐富的知識和經驗。許多因素（或者應該說「太多」因素）影響金融市場。但是，只要你樂意投入時間和心力，針對你的投資產品大量閱讀、詳盡研究，你即可準備就緒，賺取獲利，避免損失。

第 7 章

投資不動產，
成為包租公、包租婆

你已閱讀不少在網路和股市賺取被動收入時，可採行的行動。現在我們要來看看，如何透過可能是最為歷史悠久的媒介，讓你達成相同目標。長期的不動產投資總是傑出事業的機會，而且基本理由十分簡單。如同某人曾說：「土地就是這麼大而已。」基於這項原因，不動產是絕佳的投資持有項目。如同任何市場，不動產市場也會有波動性，但就長期而言，**土地可以保值，通常也會增值。**

為了建構被動收入，你對不動產的作法應簡單明瞭。總結起來，大約只有幾項重點：聚焦於某個房地產，以小博大，利用槓桿原理運作你的資產。當然，每項重點皆是整章本身主題。就目前為止，我們僅會簡短解釋每一項重點。一旦你大致瞭解如何實際操作不動產被動投資，你所將聽到的諸多言論皆會不言自明。

先從擁有一間房產開始

起先，你的即刻目標是要取得單戶住宅的控制權。我們不是要處置商業房產，所以在本章中，你不會看到任何有關雙併式住宅（duplex）[*]或公寓建物的內容。僅需有單一住宅，且位

---

* 即是指含有兩個住宅單位，彼此在平行基地相連的建築物。兩個獨立住宅蓋在一起，中間各有一側面共同壁，左右採光，雙併住宅僅有前後院及一個側面院，住宅層數通常為一層或二層。

於穩健社區，而非富豪社區，但也不要位處貧民窟。為什麼？因為你要出租房子。所以，一開始進行，請利用某些空閒時間，針對你可能感興趣的各式各樣地區，好好偵察一番。如果看到某個房子有「待售」看板，而房子看起來不錯，請寫下地址，但是千萬別立刻出價，直到你已經看過至少 6 個不同鄰里社區的房子為止。

當你找到某個社區和單戶住宅，而且看起來不錯，請務必意識到，這項房產或諸如此類的某個房產，**在至少一年內，將會是你唯一所購的房產**。這是極為至關緊要的重點。你只會買下一項房產，且所需要支付的自備款也要盡量最低。最理想的情況是，最好根本不必支付自備款。然後，你出租這項房產時，其費用率要能涵蓋你的房貸款項和其他開銷。

一旦涵蓋了這些成本費用，任何多餘的錢即可投入被動收入。這項被動收入金額將隨著時間而增加，但若你真的想成為進階的不動產投資人，在至少前幾年時間裡，請別花掉這份收入，或是盡量不動用這份收入。相反地，要存下這份收入，以便再存到一筆自備款，購買另一個房產。只要你有了第二項房地產，這個循環就會再次全新啟動。如此一來，你能夠以小博大，利用最小金額的現金開支費用，控制最大數量的房地產。

至於現在，最重要的是要辨識出你的即刻目標，找到某個穩健社區，且在這個社區裡，尋得一間良好的單戶住宅，運用這份租金維護房產，因而產生某些收入。然後，一旦合宜時機

到來，你可用這份收入，取得另一間房子的控制權。

通膨率愈高，不動產價值愈高

即使沒有這項收入，你也可以光靠不動產的固有力量，超越通貨膨脹，並聰明地借力使力，將資產以小博大，藉此賺錢。比方說，假設你今天用 100,000 美元付現購買某項房產。它可能一年增值 5%，長達 10 年；而在這段期間，通貨膨脹率平均只有 3%。若是如此，這項房產將會價值 163,000 美元以上，而另一個基於相同通貨膨脹率的投資項目，卻僅值大約 135,000 美元。你的不動產投資項目將可抵抗通膨，高達 28,000 美元。但如果你只是把這筆 10,000 美元藏在床墊下，依照現今物價水準，你的現金會約縮減了 35% 的購買力。

不動產的槓桿作用，效果十分顯著。若不是付現買房，而是僅付 10% 自備款，並以融資貸款支付剩餘款項，又會如何？你一開始的資產淨值是 10,000 美元，假如你出租房產，讓房客租金抵付你所有相關開支，10 年後，你的 10,000 美元資產淨值將會增長為 73,000 美元；而且，經由此法，每月增加數千美元繳納部分房貸，即已還清 73,000 美元的房貸。僅需清償剩餘的 27,000 元房貸，你的資產淨值可達 100,000 美元，也就是起初 10,000 美元投資額的 10 倍。

一開始，房貸的償還幅度較小，一項房產可能每月僅能還一點錢。看起來似乎不多，但請動腦思考，你所持有的每項房產，每月都開始迅速累計租金還款。此外，你每償付一次款項，都會持續減少房貸尚欠餘額，房貸利息也隨之降低。你每月只要持續持有該項房產，就有更多款項降低房貸餘額，直到房貸完全清償為止。

不動產的美麗之處在於，**通貨膨脹率愈高，你的價值成長就愈大**，但不僅是如此而已。房產的價值不斷增長，每月房租也會隨之上漲。租金增加，持續償付房貸，你就能開始享受這項房產帶來的被動收入。

隨著你學會如何讓一切事情發生，請切記，我們是在談論投資，不是投機操作。你的焦點應該放在找到品質好的房產，這些房產本身就可自行回饋，同時產生收入。在不動產方面，有許多快速發財的謀略炒作，但本文不談論這個。你的目標是要創造自由，這才是首要之務。年復一年，你落入「以時間換取金錢」的陷阱，被迫採取財務防禦措施，而你很想從中脫逃。如果你坐擁 6 到 8 項自行永續收租的房產，即能達到該項目標。

所有事皆需要耐心，但不一定要花很多錢，甚至也不必過度耗費力氣，「紀律」與「心力奉獻」更加重要。不動產是絕佳的投資機會，正因如此，較多人不懂得利用這種機會。他們過度急躁，太早放棄，依然試圖賣出自己的時間和勞力，藉此

想累積財富；但這樣出賣勞力和時間，到最後再也不管用了。
於是，他們垂頭喪氣，放棄進行。

借力使力，讓其他人為你賺錢

當你遵循某項不動產被動收入策略，你不是在用自己的金
錢和勞力進行槓桿作用，而是由承租你房產的人代為投資這些
資產。這些人其實在幫你成為富人。只要持有出租物業，你就
能創造房客「下線」（downline），由這些人為別人工作賺錢，
來繳付你的房貸。

聽起來有點冷漠無情，但這正是系統運作方式，若不懂得
善加利用，即錯失絕佳機會。人人皆適用此道，因為房地產投
資並不局限於富豪大亨。事實上，有很多富豪大亨正是以不動
產起家致富。安德魯・卡內基（Andrew Carnegie）是世界富豪
之一，確切指出這一點。他說：「有 90％的百萬富翁擁有不動
產，並透過此道致富。不動產可比各式產業投資賺到更多錢。
在現代，聰明的上班族要將薪酬投資於不動產。」

進行這樣的投資，你不再是上班領薪的奴隸，而是有某種
方式，由其他人幫你致富。即使你一年僅買一間房子出租給
人，每次交易，你可請別人代為付出勞力，而你從中獲利，最
後變成富人。成功致富並非旦夕可以造就，但確實可以慢慢達
成。總是如此，也將是如此。

請記住，**要買到正確房產，遠比時常買賣更加重要**。房產

能夠產生收入金流才是重點，而非所持的房產數目。為了確保收入持續流入，要意識到，**你為某項房產付出的價格，並不如房產持有成本來得重要**。只要保持低成本，你僅需每年稍微提高租金，涓涓細流的收入也能匯成百川。要維持低成本，以其他款項來支付，其中一項最佳方式即是，付出汗水和心力的勞動增值。

血汗產權是否值得投資？

「血汗產權」（sweat equity，亦稱「勞動增值」，透過所有者的勞動來改良財產，從而增加財產價值，因此相應增加的部分產權）正如其名。與其投入生硬的現金到你的投資房產，你反而親身付出勞力。

舉個例子，你不花錢請承包商油漆你出租的房子，而是由你親自進行。與其雇人舖設廚房防濺擋板，你自行觀看幾篇 YouTube 影片，自行製作，省下一半成本。血汗產權（勞動增值）可能有助於補貼費用，但要記得，付出勞力與汗水，就不算是被動的行為，既然如此，這樣做其實對擁有被動收入無益。以下是蘿拉（Laura）的故事，請看這種作法如何對她奏效。她成功完成所有歷程，包括途中的某些意外轉折。

　　我開始想要投資不動產時，有件事真的很吸引我。至少在理論上，就事實而言，一個人在一開始就有辦法利用極少金錢，或根本不花錢的方式掌控房產。我聽過不少故事，有人沒有自備款也能買房致富；這點相當吸引我。因為那時我沒有自備款，縱然我真的很想要有。

　　我很快就學到，自備款其實不限單一形式。換句話說，產權有兩種類型可用來投資。其中一種是透過純粹舊式且生硬的貨幣。你向銀行申貸，銀行問你能積攢多少現金。數目愈多，銀行對你評分愈高。但我很訝異得知，銀行要的並不是取得大筆自備款，這並非最重要的事。還有另一種類型的產權投資，甚至比現金更吸引人。不是指現金產權，而是血汗產權。我打算買房之前，從未聽聞『血汗產權』一詞，但經由血汗產權，許多人藉此成功獲取房產，也有人不想辦法從事此道，因而無法取得房產。

　　簡明扼要地說，「血汗產權」是指勞動增值，你投入多少工作量來開發房產。你或許沒錢，但如果你能說服銀行，自己將盡最大努力，改良你想買的待翻修舊屋（fixer-upper），銀行可能很樂意給你所要之物。原因是你不僅付出勞力，為你個人房產增值，同時也為全體社區增值。畢竟，銀行真正在意的是那個社區的整體價值。如果像你這樣的人數夠多，願意為自己的建物投入勞動增值，成果鐵定非常豐碩。這也就是為什麼血汗產權幾乎一定比某人的現金更具吸引力。

在被動收入方面，這個故事訊息有點混雜。就某方面而言，運用極少金錢或不花錢，即可成為不動產投資人，倒是不錯的主意。很多人熱烈討論「不自備款項」的成功之路，此路確實存在。

然而，就本書目的而言，**運用血汗產權當作金融資本的替代方案，並非真正行得通**。原因是我們並非想要更加勤奮地超時工作，即使終究增進收入了。我們對財富的定義是「基於被動收入的財務自由」。為了朝這個目標盡頭前進，你要學會買房，其方式要能打從一開始就有現金流。起初這道流量僅是幾滴水，但終將成為水漲船高的巨浪，甚至還有真正機會，**轉變為名副其實的財富漲潮**。

投資與投機買賣的不同之處

當然，一旦有了財務自由，你能選擇想做什麼就做什麼。甚至也可以比以往更加勤奮地工作。然而，這理應是一種「選擇」，而非出於「必要」。事實上，你不需要過勞，即可透過不動產投資來產生被動收入。

不過請注意，務必先明確區分「投資」與「投機」。但其中真正的差異為何？其中某項差異，即是「時間」所扮演的角色。對於投機者來說，他們的目標在於快速盈利。關於不動產

投機，「炒房」（house flipping）正是其中一例。投機者買下房產，整修房子，然後盡速賣出。整個過程可能不到 90 天，取決於裝修的種類。無論如何，最好要在 90 天內完成。但萬一市場正好低迷，投機者就被新裝修的房產套牢，因為無人打算買房。由於他們是投機者，不是投資者，所以不會準備出租房子，不以此創造收入。他們想要迅速盈利，願意集中某段時間，勤奮勞心勞力。如果獲致盈利，這項投機就成功了；假如盈利不來，或是無法迅速取得，這項投機就失敗了。

透過不動產建構被動收入，寧願當個投資者，也不要當投機者。也就是說，請從容不迫，慢慢來，不倉促行事。在市場火熱且價格竄升時，你才不會盲從這波欣喜快感而付出龐大代價。一旦市場降溫且價格下跌，你也不會驚慌失措隨即賣掉房產，不怕價格更加下挫。

很多不動產大師力勸大家盡量買下所有房產。他們認為，房產將會增值，賣房後即可致富。但萬一沒有增值，怎麼辦？要是沒人想買房，你的房產賣不出去，又會如何？房產投資者與投機者不同，絕對不必面臨這些問題。**房產投資者不一定非得賣掉房產不可，他們可以選擇賣房，但絕非是被迫而為**，因為他們從不根據價值飆升程度來做決定。

找到符合自己目標的房地產

初次開始認真思考不動產投資，腦海肯定會浮現出兩種想法：如何才可找到好的房產進行投資？如何盡量達成最佳房產交易？

針對這些問題，請先參考以下真知灼見。凱瑟琳（Catherine）是不動產投資者，她自己解答了這些問題，並在過程中，創造了強大的被動收入：

我對不動產很有興趣，因為這簡直是穩健的投資。我要的是能夠親眼看到、親手碰觸的實物，而非諸如股票權證或債券之類的象徵物品。既然我是懵懂新手，我閱讀書籍，著手進行，還參加不少研討會。我很快發現，幾乎所有專家都強調，不但要找到營建結構良好的房產，而且要盡量在最有利的期限內買進。自從那時起，幾年後我已買了一些房產，還打算買更多。至於如何找到良好的房產物件，我發現，某些策略成效遠勝其他策略。遵循最有效的策略，可以省下不少功夫，也能為自己賺到不少錢。

真希望我能告訴各位，有哪些祕密的絕佳房產來源，能夠立刻助攻投入。事實上，假如我知道此類祕訣，我可能會選擇保密不說。一直想著有何祕訣，實在毫無意義。因為要找到好的房產物件，其實沒有祕訣。就某方面而言，房產本身就是簡

中訣竅；眾目睽睽之下，某些最佳房產就在眼前，但你卻視而不見。

聯賣資訊網可共享房源

聯賣資訊網（Multiple Listing Service, MLS）可提供好的案例。聯賣資訊網是房源共享服務目錄網站，列出某區經紀人銷售的全部房產。成千上百項房產就在眼前，某些房產交易有利投資者，其他則不然。祕訣在於，不要每件都出價，即可搜索出哪些房產能讓賣家願意交易。經過多次練習，就能看穿仲介術語，像是「簡陋老房」（還需要另聘雇工專修的老舊房子）、「待翻修舊屋」等。這是代表屋況看起來不好、有味道，至少某種重大的系統功能待修，等於是告訴你要特別留心細看。

沒人想買完全破敗不堪的房子。你也不想限定自己只能買屋況愈下的房產。不過，這類房產倒是個良好的起點。換句話說，最常見到的是，聯賣資訊網運作得夠好，你可能看到市場裡相當醜陋的房產。巧合的是，大多數仲介人員都不願花太多時間交涉這類房產。在許多情況下，他們都很樂意配合，尤其是如果你願意出價付現買房，並迅速成交。

關於聯賣資訊網的房產，你知道這些房子其實都是待銷物件，非常方便。此理看起來不言自明，但其他某些被吹捧為最

佳成交之道的方法，也可比較看看。這些方法涉及確定屋主地區、找出他們是否想要賣房，甚至如果屋主暫時不想賣，有時還得向他們大肆勸說。聯賣資訊網的房產攤開全部資訊給你看，這也是好處，可省下不少時間。僅需點擊鍵盤幾下，就能觀看某位仲介提供的全部物件，不管是簡陋老房，或是可以立即入住的精美住家，網站應有盡有。

其他的房產策略

比起聯賣資訊網，某些其他策略的效果可能較差。以下也是凱瑟琳的說法：

第一次踏入不動產領域，我非常積極進取。我決定連番直接郵寄信件給不動產經紀人。我很希望，甚至早在物件廣告刊登之前，我就能快一步找到聯賣資訊網所列房產。我盡力而為，讓仲介人員知道我在找房子。於是，我向全國房地產經紀人協會（Board of Realtors）購得一份名單，上面列有 1,000 位仲介人員姓名，然後向每一位仲介人員寄了 3 次信。

我的信件內容寫著：親愛的仲介人員，如果您刊登的房產物件符合我的標準，我將出價，而您可抽取全額佣金。我第一次寄出 1,000 封信，全都用掛號信寄送，期待湧入大量電話；寄信後的那一星期，卻只有 7 通電話打來，其中 4 件房產不錯，但超出我的價格範圍，其他 3 件太過昂貴，而且刊登的廣

告即將過期。

我第二次發信,產生較佳效果,這次接到 15 通電話,但根本全都屬於相同類別。最後一次寄信,我改用明信片,毫無回應。基本上,我浪費了大約 1,400 美元,進行探尋活動,卻完全沒有效益。

從凱瑟琳的故事可以看出:直接寄信給仲介人員,這個主意不錯,但需要稍作改進。第一,僅需鎖定大約 200 位仲介人員就好,而且他們刊登的房產物件要剛好是你想買的類型。第二,書寫這些信件,要寫得好一點,強調如果與你合作,仲介人員及其賣家有何好處。第三,你的探尋活動要持續全年無休,以不同信件測試反應,並且把最佳出價反覆再三寄給相同幾位仲介。最後,針對其中最佳的 50 位潛在人選,你後續可以打電話詢問,使探尋活動更能符合你的特定需求。

想法梳理

在本章裡，我們寫出 3 項非常重要的論點：第一，就被動收入而言，要先衡量自己能否成功擔任不動產投資者。焦點不在於坐擁多少房產，也不是房產周轉率有多快。

第二，購置房產，請勿寄望房產一定增值。長期下來，即便房產幾乎肯定增值，但不代表非得這樣才可產生收入。不管特定時刻的市場看似如何，你總是可以投資你的收入，翻修房產。添加新地毯、新窗戶、新牆面、新空調，皆是明智改良，促進租金提高，增加現金流，持續改善你的房產。就算某項房產確實增值，你也可選擇不賣房子，因為被動收入夠強大。

最後，本書並不建議血汗產權。請別更加勞心勞力勤奮工作，就只為了補足資金短缺。實際上，四處查探房產，協商適宜條款，才是你該做的主要事情。

一旦你取得某項房產的控制權，你大可聘請專業的物業管理人，從你房產的收入裡，撥出一定比率的錢，付費給這位管理人。如果你的房產有某事需要照料，不論是管路系統問題、電力修復或其他事宜，你的管理人都需要負責雇人修繕。被動收入不僅是要賺錢，也不單單只是勤奮工作，如同許多人那樣。問題在於，太過勞心勞力，反而不是有錢有閒。換句話說，不動產被動收入正是絕佳的有錢又有閒之道。

第 8 章

不動產投資，
得謹慎不投機

一旦透過單一房產，踏進不動產世界後，即可開始像滾雪球般，迅速擴增屋主身分，創造多重收益。一旦有如此發展，好感將大增，並知道如何將收入潛力最大化，同時以最小量的維護成本，管理這項收入的日常運作。坐擁不動產且進行投資，實際情形是如何呢？在本章裡，我們深入探究這個問題。

各位將看到，在真實世界裡，如何面對不動產交易的挑戰、機會和謀略。最重要的是，你將學會更多事情，瞭解為何不動產是最穩健的投資進行項目之一，不僅是基於被動收入，也是基於長期的財富和安全保障。但在明瞭這些長期目標之前，可能需要短暫反思現實一番。為什麼？**因為不動產並非即時滿足的賺錢公式。相反地，不動產是長期賽局策略。**

你已經學會其中過程：涉足不動產投資操作，取得第一項房產，耐心查探鄰近地區，找到單戶住宅當作你的首次投資。數十萬人經歷過這項流程，而且在買下第一個出租物業後6個月內，幾乎全部投資人皆有相同反應，聽起來如下：

到底怎麼了？幾時才有錢進來？我似乎不停地支付帳單、處理房客抱怨、擔心如何繳付房地產稅。還發生無數瑣碎小事，出乎我意料之外，而且每件事看起來皆需花錢。此時此刻，我僅能勉強收支平衡。

不動產投資新手有這種感覺，以後也會；這時請耐心等

待，即使情勢艱難。切記，繳付帳單後，縱使僅能收支平衡，依然有人每月為你償付房貸，實質上正如每月活期定存。況且，時間站在你這邊。租金隨著通貨膨脹而上漲，你每月的被動收入將開始增加，從 25 美元、50 美元一路上升，還會不斷累計增長。長期下來，隨著你逐漸清償房屋貸款，愈來愈多收入終將屬於你。對你來說，這代表繁華富貴、安全保障、全面的財務自由，皆是被動收入真正旨意。

不動產投資的指導原則

即使僅持有一間房產，也會有相同的狀況發生。但何苦就此打住？若完全不買，簡直就跟太快下手一樣糟糕。事實上，隨著你成為日益老練的不動產投資人，情況愈顯輕鬆如意。只需謹記幾項關鍵原則。盡力學習，瞭解當地的不動產市場；要開發能力，認出堅實可靠的房地產，以及潛在的良好交易；向賣家出價、進行協商，要泰然自若，深具信心。這些是基本原則。不過，除了基本原則之外，我們來談談 5 項親身實踐的概念；身為不動產投資人，請務必謹記在心。

以人為本
首先，千萬別忘記，房子、交易和融資僅是冰山一角。如

同任何其他事業，不動產的精髓在於「人」。每一個買家、賣家或房客與你產生互動，人人動機不同。你的主要目標是要賺取被動收入，同時也要切記，賣家動機不一定事關金錢。如下所述，有些人心裡另有其他目標。這是指什麼？以下是真人實例。來看喬恩（Joan）的故事：

我從事不動產生涯將近六個月，總算成交了第一筆交易。賣方是一位老太太，名叫桃樂絲（Dorothy），她很強勢，要讓我明白她的感受。她以前曾賣過一間房子，並深信自己當時被騙了，因此不想再遭遇相同狀況。當然，我向她清楚表明，我無意騙她；無論如何，我肯定她知道這一點。她總是提起戰爭往事，我懷疑她用這招，設下圈套，增加協商難度。

後來桃樂絲直截了當，跟我說她的房價僅需等於房貸餘額，再加上 1,000 美元，她就搬走。我大感意外。她的房產價值遠遠超過這個價格，毋庸置疑。但桃樂絲有極為完美合理的解釋。她的先生最近過世了，而她正要搬去與女兒和孫子們同住。她希望在月底之前搬走，這是最要緊的一點。對她來說，這才是最重要的考慮因素。

雖然這是我初次實際成交，卻非我第一次試圖成交。截至當時為止，我至少出價 100 次了，全都一無所成。不動產與人有關，而非僅限房產；對於這項事實，如同許多投資新手，我那時尚未充分理解。因此，當時我從未真正思量屋主為何想

要賣房，也不懂價格究竟是低或高。我僅是假定，他們身為賣家，與我這個買家有相同動機，猶如鏡像映射。

桃樂絲教了我相當重要的一課。人所想的，不一定如你所料。且行事風格也不一定與你基於相同理由。她的屋況良好，如果再等 60 天左右，應該可依全額價格賣出。但她要的不是頂級價格。她想要的是速度，其動機非關金錢，而是渴望展開新的人生階段，想要拋開舊有生活，而她的房子象徵了過往人生。桃樂絲有了這種想法，充分欣然接受較低房價，比房產實際價值少了三分之一，前提為這項交易必須盡速進行。結果，短短一週後，房子成交了。

到那時為止，喬恩總是以為，如果破敗的房子位處不良鄰里，屋主肯定樂意低價廉售。她也以為，如果精美房子位處良好鄰里，屋主索價最高。但她與桃樂絲的往來經驗，讓她學到如何省下時間和精力，不必進行無效出價。每個人皆是獨一無二的個體。有時若要真正知道對方想從交易得到什麼，唯一辦法就是直接詢問。所以，假如你再三出價，卻總是反覆遭拒，你應當思索如何與賣家談談他們所要的事，而非假定自己非常理解。

區分「友誼」與「生意」

一旦購得某項出租物業，下一步便是要找到可靠房客，這

十分重要。為求簡易說明，此處提供「絕對別把房子租給熟人」這項原則，即可排除諸多房客人選。

關於不動產，或許你尚有許多事務要學，但某件事是無庸置疑的。那就是你的朋友、表親或晚宴交談對象，遲早都會想找地方居住；而在空房時，他們正好也在相同時間點找房子。看起來時機完美，解決了兩方難題，不是嗎？畢竟，你那個叫喬（Joe）的表親真是好人，他甚至略懂木工手藝技能。他熱切提議，要幫你的房產略為施工，把房子裝修得非常漂亮。所以，你表態說自己絕不懊悔，讓喬租下你的空屋。由於他要為你施工，你給他租金折扣，而你也得到可靠房客。各方皆贏，對吧？

當然，在這情況下每個人是贏家，除了那些事不關己的人。關於出租房子給熟人，請務必記住這件事：你與你的親友正在締結協議，**而對於可能的利益，雙方觀點是對立的**。身為房產持有人，你很快樂，因為知道你的親友會公平對待你，認為對方將會準時繳納房租，已協定的修繕工作將會及時完成，對方也不會讓浴缸的水溢滿地面。他也會很快樂，因為明白你也公平對待他，不過，對他而言，這是指你會讓他在耶誕假期拖欠房租、慢慢進行維修、在地下室養幾隻比特犬。你認為他是完美房客，他以為你是完美房東。這種觀點衝突並非輕鬆易解，至少要請個律師不可。

當你變成不動產投資人，你的人生展望歷經重大轉變。除

非你的親友也自有房子，否則無法體會房屋所有權人的感受。很有可能他們根本不知道，投入大筆時間和金錢到某項房產裡的箇中滋味。我們都曾聽過這樣的故事，有人不止失去一位朋友，而是一整群的大學好友，原因是他那位朋友欠繳房租，而他把對方趕出去。突然間，他的身分變成「房東」，然後在足球隊比賽裡，他不再受歡迎。或者聽說過，某人有個姻親，在家庭聚會看到對方便一直碎念，說他被迫每月繳交滯納金，居然有人這麼卑鄙對待自己好友。

事實上，在這些情節裡，有些事肯定會產生問題。親友變成房客，結果發展極少能使雙方滿意。就光明面來看，由於無人曾說千萬別租給親友，這種對糟糕買方有利的機會還真不少。一旦屋主終於明白，這位名叫喬的表親絕對不付半毛錢時，才發現事態嚴重。

盡信大師不如無師

許多不動產投資新手都跟隨某位導師，或甚至是「大師」，有點類似前幾章提到的投資大師，但較為平易近人。這位人士不僅提供建議，還提出包羅萬象的見解，協助指示新人聚焦於某項特殊策略。這些大師的身份可能是不動產專業人士、學術講師，或是具有業界資歷的親友。專家深具重大吸引力，在不動產投資操作方面，他們的特殊策略是至理名言，此乃箇中原因。不過，其實沒有所謂至理名言。透過坐擁房產來

開發被動收入，最佳路徑不止一條。相反地，條條大路通羅馬，針對特定狀況的特殊人士，任何一種辦法皆能奏效。所以，盡信大師不如無師。

在不動產方面，假設你的父親很成功，他確信這是由於他從未變更作法。他總是用現金買房，然後將其中幾間房子進行「貸款重組」（refinance），當作組合套件。於是他有更多現金購買更多房子。不管是什麼類型、條件或地點的房產，一概套用此道。如同大多數大師，他樂意誓死捍衛自己的方法。他很肯定，其他策略較不那麼有利可圖、較為難以執行，而且根本就比他最愛的特殊方法還差勁。當然，他是你父親。但龐大的知識庫藏就在那裡，隨時觸手可及。請自己做好研究，感謝老爹提供的意見，可是要由你自己做出決定。

不動產大師是令人信服的大人物，確實讓投資新手覺得激勵人心，因為大師這麼看重自己，也很自我肯定。新手不知所措，只好追隨特殊大師，如此可能極為有用，因為可以藉此深度學會某項特殊技巧。但是，崇拜大師，投資新手的經驗將會受限，這是缺點。如此一來，提到何謂「良好交易」，信徒容易流於觀點狹隘，因而錯過某些獲利頗豐的機會。

請充分審查房客，沒有例外

絕對有必要瞭解最後這一點，但可能很不容易接受。事實上，人類並非時時刻刻講真話，尤其是牽涉金錢之時。

我們大多數人從小受到教養，認定「做人不該說謊」。此外，說謊被抓到時，真的很尷尬，也會讓你陷入許多麻煩。但某些有意承租的人遺忘了小時候的教誨，或者成年後還學不會。不管怎樣，請務必謹記這件事，多加費心費力，核對潛在房客的身份驗證資訊和信用，否則的話，承租你房屋的人到頭來可能令你相當失望透頂。出租過程中，背景查核是迫切緊要的一環，終將為你省下以後的麻煩；莉莉（Lily）就是太晚發現這個道理，以下是她的故事：

我的房子彷彿遭到某種詛咒。否則原本看似極其完美的房客人選，怎會在入住幾週後，不知何故，開始自我毀滅？

我才把房子租給某人，沒多久就分別接到債務催收公司打來的電話，不止 1 通，而是 3 通。我開始看清這件事。我不斷告訴打電話來的人，說他們找錯人了，因為當初核對時，我的房客履歷清白。最後，其中某位債權人向我描述房客及車子的模樣，而我終於明白，不知何故，我居然漏看了某些資訊。房客造假資料，故意誤導我，而我竟沒注意到這項事實。

學會這次教訓，莉莉變成像惡魔般殘忍的人，瘋狂核對房客人選的資格，查看對方駕照、信用卡，甚至是護照。這些全都是正確且好的文件，可供檢視，花費心力集聚一群可靠房客，供他們入住。你也可以這樣做：

- 交叉核對目前地址與信用報告上的地址
- 交叉核對持有人姓名與申請書上面的房東姓名
- 驗證電話號碼
- 堅守方針，若被你發現申請書有任何偽造資訊，任何人都不准再踏進你屋內一步。

至於莉莉，後來她發現，有將近 60％的房客人選都提供錯誤資訊。她製作一整頁說明表，向所有潛在房客解釋，萬一房客謊報有關租金、信用、犯罪或工作方面的歷史紀錄，將會自動遭拒，已付訂金也會被沒收。最後 10 個應徵人選裡，有 8 個人的申請資訊造假，因此被她拒絕了。如同俗語「買家當心，後果自負」，若是這樣說「屋主務必當心，否則屋主鐵定後悔」，或許更合理。

與潛在房客的互動細節

現在，關於租屋不動產投資操作，你腦袋已有主要概念原則，其實即可開始上路，找到潛在房客人選，並且與之合作。這樣的過程可能充斥挑戰。到目前為止，在我們剛剛著眼的全部概念裡，所討論的最後一項話題最讓屋主深感困擾：為你的出租物業找到優良房客，過程是最麻煩的。所以，在本章接下

來內容，我們將集中注意力於這項話題。畢竟，如果你要透過出租物業創造被動收入，你需要有人住進這些房子，繳付房租給你，一定要精挑細選。

找到房客，預先篩選

要找到房客，展開這項過程，大多是先在租屋網站刊登廣告，譬如 Apartments.com、Zillow.com、Rent.com 或 Trulia.com 等。通常租屋廣告刊登後，會有不少電話打來，尤其是房貸高利率時期，大家寧願以租房代替購買。如果你的房子是要訴求大學生年紀以上的房客，特別是有小孩的人，你會發現，有些人租房後，可能選擇買下房子。這種情況非常令人嚮往，因為一旦有人在某間房子建立家庭，他們寧可支付你要求的相近房價，覺得較為適合，也不願處理另一次的搬遷花費。

不管怎樣，第一步，若對方感興趣，請先建議他們開車過來附近，看看房子是否宜人。還要請對方先行預約，才可實際帶他們看房子。如此一來，你可大幅縮減所耗時間，以免站在門廊空等，而這位潛在房客卻遲遲不出現。

對方不現身，絕大部分是預先篩選過程出了問題。大多數房客人選都會想講你愛聽的話，特別是在電話裡。他們幾乎絕對不說自己無力負擔租金，也不說自己不懂何謂「有購買權的租約」。通常他們會直接預約，但根本無意允諾前來。所以，你大可明確邀請他們開車到這間房子附近，如果感興趣，再回

電給你。告訴他們，租金大約多少，而你希望索取多少預付款當作押金；然後，邀請對方開車過來繞繞。大多數時那通電話會是你最後一次與對方談話，但至少你不必在租屋處前面枯坐乾等。

審核財務資訊

假如你真的與潛在房客人選見面了，屆時請準備好，審核他們的申請書與相關財力文件，提出某些精準聚焦的問題：

- 你們全家人的稅前總收入是多少？
- 你目前住在哪裡？主要開銷有哪些？
- 你在那裡待了多久？為何要搬離？

如果房客人選似乎不合格，請直截了當告訴他們「資格不符」。請坦承說出來，但態度友善。嚴正表明這是一樁生意決策，沒有商量餘地。若想稍微軟化這項打擊，請用客觀的措辭表達。比方說：「身為屋主，我必須設下非常清楚的收入分界點。我不想浪費你的時間或你的房租押金。但我能否留下您的姓名電話？如果聽到其他合適物件，我再打電話給你。」如果潛在人選堅持要看房子，帶他們看一下倒是沒關係。不過請務必表明，你只對合格的房客花費大多數時間。若很擔心，也不清楚如何詢問人家的收入和動機，請勢必克服。假如對方因此

惱怒也無妨，反正你最不想與這樣的人有約。

一定要奉公守法

提出問題時，請務必熟讀《公平住房法》*，並且遵守規定。根據《公平住房法》陳述，你不可基於某特定人士的種族、宗教、膚色、性別、殘疾、國籍或家庭地位為由，以此認定是否有意願租房或賣房。遺憾的是，如果屋主基於非常合法的理由而拒絕出租，某些應徵人選仍會威脅對屋主提出歧視訴訟。不過只要你已經遵循法律條文規定，若有人威脅提告，大可不必理會對方恫嚇。

為了安全起見，請為有意承租的人列出清楚準則。這些準則應該如實客觀、易於量化，且無關這位應徵人選是否在某個受保護的階層。這些是用來預測房客的履約能力，僅此而已。履約能力包括每月準時繳租、保持屋況良好等。

這些準則裡的例子包括所得紀錄、是否曾被驅逐、房客人選在過去幾年住過多少地方等。請務必驗證全部資訊。

把這些問題列印成一張表單，由每位應徵人選親自填表是個好辦法。你僅是試圖勸退某些特定房客，而非所有房客，這張表單可避免出現此類場面。要將所有被拒的申請書存檔至

---

* 台灣租賃相關法規，請參考租賃專法、民法第三節至第五節、土地法第三編／第三章、民事訴訟法等。

少3年，附帶說明該位房客遭拒之因。開始帶看你第一個房子前，可打電話給當地相關法律機構，尋求額外建議。

如果潛在房客提到「有購買權的租約」，要問他們以前是否曾締結此類協議。假如沒有，你可以說明這類租約與選擇權利的運作方式，最後要說明：「我不確定是否解釋清楚。看完房子後，我可以給你幾張相關書面資料。」會面結束後，你可以讓他們下載書面資料。如此一來，假如他們無法理解（也幾乎肯定不會理解），就不會怪罪你。讓他們自行閱讀，也可省下你的時間，而不是在會面期間反覆示範。可把租屋申請書附加到這些書面資料裡，下次見面時，對方可以交回給你。

會面後的追蹤與聯繫

有時潛在房客拿了申請書，卻從未交回。看完房子後，他們看起來對房子深感興奮，承諾填完申請書，在一兩天後交回。但你後來再也沒有他們的消息。如果這位應徵人選似乎真的很吸引你，或許你該思考是否打電話追蹤，不過你也可能在想，假如應徵人選認為相當值得，他們也會聯繫你。

這項問題的答案其實很簡單。沒錯，你確實應該打電話追蹤，**不僅是打給已拿申請書的人，甚至也要打給沒拿申請書的人**。這是取得反饋的最佳方法，並瞭解潛在人選對你房子的喜好與厭惡。為何有些人不交回申請書？你可以整天揣測，但只有他們自己才可親口告訴你真正原因。

順道一提，有一個打從一開始就能避免這問題的辦法，就是要求對方當場填寫申請書，而非事後交回。第一次通電話時，你可要求應徵人選攜帶駕照或有相片的身分證，以及 20 美元的申請手續費，形式可為保付支票、匯票或現金。這樣他們就能當場申請，以免事後重新考慮或另找其他房子。

與其向每位潛在人選即興安排預約時間，倒不如每星期撥出一段時間，看起來對大多數人都很方便。週六 11 點到 13 點通常較為可行。然而，你也應該有點彈性，萬一對方真的無法按照你排定的時間前來，你可以提供替代選擇。記得對客戶友善，這點鐵定沒錯，但若被牽著鼻子走而遵照潛在房客排定的時間，可就不太妙。你可以提供幾個預約時間點，既能方便房客前來，也不會造成自己不便。其實，如果你總是照做客戶要求的事，他們也不會因此更加感激你。相反地，為你們往後的關係著想，奉勸你別助長這種關係。

有些屋主要求潛在人選，在見面前一小時打電話確認。請自行判斷是否要這樣做。不必把潛在房客當成小孩，但也要盡量讓他們準時現身。你可以說，自己老是忘記會面時間，所以可以打電話確認，幫你提醒一下；這個小技巧倒是不錯。

擬定房產管理計畫

　　你需要事必躬親管理多少物業，全由你決定，也取決於你願意（或不願意）付錢請人代為進行。，你可能很享受每日管理物業，但請切記，你的目標是要有被動收入。然而，無論你的決定是什麼，皆會牽涉某些管理層面。我們來談一些基本訣竅，讓你一窺物業管理的觀念模式。

　　假如你是房東，或僅是想靠不動產賺錢，就得瞭解如何以正確方式管理房產。這不僅有關知道如何修理故障物品而已，身為房產管理者，尤其是新手房東，你被迫身兼數職。你如何管理該項房產，將可為你造就成功機會或是搞砸一切。

　　其實著手管理房產的方法既不明確也不簡單。如果你沒空，或你的住處與出租物業地點並不相同，那也沒關係。找一個優良的當地物業管理公司，由他們為你處理所有細節。也要確定他們精通你出租物業的類型，不論是長期房客的主要居所或度假出租地點，皆是如此。物業管理公司為你代勞，通常費用很高，如果你有空，而且尚在起步當中，那麼你可能想要省下這筆錢。不過，最好準備投入時間，因為你會發現，這些事很不容易進行。

　　雖然紀律嚴明的物業管理訣竅可能有數百種，以下訣竅有助於你提升自己的技能組合。目標是要有專業管理整體的經驗，不僅是在談論找到合適房客、索取適宜租金，你還想要創

造一個健全且充滿活力的環境，不是想從短期客人或長期房客身上擠出最後幾毛錢（譬如日漸興旺的 Airbnb），而是你提供的住家環境一切都能運作良好，不會瀕臨故障或失修。

如何著手進行，並沒有所謂好壞之分。麥可‧約瑟夫（Michael Joseph）和湯姆‧費胡森（Tom Feldhusen）是 InvitedHome 公司的共同創辦人，他們針對物業管理領域，提出某些忠告。他們在真正的基礎價值上，建立了一個小型帝國，利用信託貨幣借力使力，在 10 年的成長歷程期間，將關鍵程序進行系統化和數位化。

他們說，要以正確方式管理物業，需要公開透明、勞心勞力、進行溝通。考慮所有情況後，你必須付出額外的努力，確保你有清楚開放的通訊管道，藉此設下正確期望。萬一你設下錯誤期望且溝通失敗，就會發現自己身陷困境。

比方說，如果是短期租約，如 Airbnb 等，若你描述了某項剛好那一間房沒有的特色，這並非世界末日。但如果你沒有向顧客溝通這項錯誤，而使問題惡化，你就有重大麻煩尚待處理，而這件事可能導致客訴。如果是應付長期房產，事態甚至可能更嚴重。譬如，如果你的廣告有說水電費由你負擔，但在簽下長期租約後，你卻選擇不這樣做，即可能違反租約。此時關鍵在於溝通，只要恰當溝通，並判斷所需解決的問題為何，每項紛爭都能解決。

如果你想要處理洽當，你可以親力而為，或四處搜索所處

地區，找一位物業管理專家，為你承擔某些壓力。約瑟夫和費胡森說，這取決於你所尋求的管理等級，你所找的費用率大約是占全部租金費的 10％到 30％。即使是短租旅客的費用，也雇用物業管理團隊代管，依然也是顯著有利。請事先查明有那些訣竅，以便正確管理物業。

請瞭解你自己的房產

當你買下新的房產，第一步要先清楚瞭解這間住宅及其全部系統。你的住宅每項系統皆有特定的運行間隔和效力期限。出租房子時，若其中某項系統失靈，而起因是沒有預先維護照料，這是你最不想遇到的事。

諸如「住宅管理公司」（Home Manager）和「Breezeway 物業運營平臺」等公司都有提供相關服務，屋主和房產管理者可以追蹤住宅系統，處理預先維修事宜。業界領先的物業管理公司有自己的專屬系統，例如 InvitedHome 公司的 HomeCraftTM 技術。

為住宅進行再投資計畫

從住宅的年度所賺收益裡，撥出某部分收益再次投資，如此可將住宅維持在絕佳狀態。

制定財務規畫

瞭解你的住宅將產生多少長期或短期的可能租金收益，這取決於以下 3 項關鍵因素：

1. 住宅的特定地點
2. 豪華程度
3. 住宅大小和便利設施

專業的度假出租管理公司會用數據資料，精確預測住宅的收益。若無管道取得數據資料，你必須自行盡職調查，四處搜尋網站，並研究費率。然而，廣告所列租金費率不一定能預測你期望所收的收益，而且你也幾乎無從得知入住率。

與知識淵博的不動產經紀人合作

對於出租事業，房地產代理者的認知各異其趣，尤其是在度假租房的市場。有些人對於這項產業有絕佳的第一手深刻見解，其他人則不甚清楚。況且，就算他們能夠提供物業管理訣竅，不管其專門知識為何，重要的是你所合作的經紀人需要對這項產業知之甚詳，尤其是在早期找房和買房階段，且要清楚如何管理短期或長期出租房。

審查多家物業管理業者

雇請某位物業管理者前，務必面談多家公司。這些公司是否有當地據點？擁有什麼樣的聲譽？在你的相關地區搜尋裡，它們在 Google 之類搜尋引擎的評價是否很高？針對你的住宅管理，找出這家物業管理公司如何著手處理這 3 點關鍵：

- 要使住宅產生的收益最大化
- 在你大手筆砸錢時，能為你照料住宅，提供絕佳體驗
- 提供透明可信的消息

提供易於使用的操作指南

一旦房客租下房子，他們不想耗費全部時間，搞懂如何使用這間住宅。要讓如何使用電器、熱水器、暖氣爐和空調簡單明瞭。如果你打算提供音響系統或洗衣機，要怎樣使用？優秀的物業管理公司將為你仔細檢查全部細節，詳列說明，你就不需事必躬親。但如果你親力而為，務必澈底進行，一絲不苟注意細節。

為度假租屋處確保適宜程度的物品清單

如果選擇將租屋處用於度假目的，讓 Airbnb 的租客入住，請確認已有許多庫存物品可用。成群旅客會想一起租一般住房，其中最大一項原因是可以自行烹煮食物，並想要聚在一起

用餐。一起聚餐，這種體驗創造出某些最棒的回憶，所以不要漏缺廚房必需品而妨礙這項體驗。正確備妥廚房之物和其他居家必需品，確保沒有遺漏任何事。如果你不確定，請找一家優秀的物業管理公司，幫你辨識缺漏什麼東西。

把你的房屋想成是殷勤待客的事業

如果把自己的住宅出租給他人，要把它視為殷勤待客的事業。最精緻的飯店備有設施和房型，提供第一流的照料和款待。雖然物業管理公司能幫您進行此事，若你想親力而為，必須發自內心，真誠渴望取悅房客。如果你覺得這樣很煩人，那麼不該由你親自管理租客事宜，因為租客會給評論，終究反映出他們所得到的負面體驗。

定價要切合實際

訂定的租金價格太高，是屋主最常犯下的重大錯誤之一，有時就連物業管理公司也會犯這種錯誤。定價要切合實際市場，並詳加研究，查找其他人的索價，別讓你的住宅租價過高。找出最有效擊打點，或許很難，但如果你希望住房率很高，此乃箇中祕訣。這是其中一項物業管理訣竅，在財務成長方面，可決定你是生意興隆或門可羅雀。

與你的家務管理團隊建立良好關係

不論是否選擇雇用清潔公司，在租客退房或長期房客退租後，將房子收拾乾淨（假如是以度假出租房營運的話），皆須備有一個優良的家務管理團隊，這點至關重要。如果是由你自行進行物業管理，必須高度投入心力和注意力，找到適合團隊，進行面談。如果他們粗心大意、漏看細節，會對你產生影響。你會接到客訴和負評，生意因此慘澹。如果所找的團隊非常優秀，於發展這項關係初始，先以書面明定期許，有助於避免未來衝突。

要有穩健的行銷計畫

只在 Airbnb 列出你的度假住宅，或在 Apartments.com 刊登你的長期租賃廣告，絕非是行銷計畫。這只是起頭，但不算是計畫。現今，有許多管道可用，你可藉此行銷你的住宅成為出租物件，但市面上的物件氾濫，競爭非常激烈。如果你的目標是要盡量擴大收益，請好好研究，瞭解如何優化你的刊登廣告，考慮使用諸如 MyVR.com 之類軟體，讓你在所有刊登網站的物件隨時保持更新。

認真看待預防性維護

為你的住宅製作一份預防維護計畫，並堅持執行，此乃優良物業管理的基石。你不會希望在溫度零下的寒天裡，供應熱

水的鍋爐故障，因此惹惱租客。只要確實定期維護你的住宅，即可預防 95％的問題。你不但可以避免付出雙倍的加班維修費，也不必退還全部或部分的短期房客租費及長期房客租金。請務必要認真看待此事。

動態定價法和營收管理

多年來，航空公司與飯店業者皆使用動態定價法（Dynamic Pricing）和營收管理模式。這背後的概念是什麼？主要是確保定價能適時因應市場供需狀況。如果是由你親自管理住宅，可透過 HomeAway's MarketMakerTM 或 Beyond Pricing 之類的工具，瞭解營收管理，學會一切，有助於為你的住宅訂定適宜價格，並根據市場狀況更改定價。

想法梳理

　　這兩章討論了不動產投資的實務，幾乎所有的成功房產持有人皆遵循此道。所有高績效的不動投資者皆有另一點特質，也就是倫理守則。雖然不動產事業似乎是靠屋頂抓漏和舊屋翻新賺錢，但實際上，這是讓人找到地方居住的事業。你的決策將以非常基本的方式，影響許多人。因此在過程中，要判定如何與你所遇的房客、應徵房客、服務供應商和其他所有人進行互動極為重要。

　　符合最高道德倫理標準，並不困難。僅需自問：「我的行事作風是否公正？」與「如果我是房客，而不是屋主，我會想受到這種待遇嗎？」一旦能以肯定語句回答這兩道問題，你的不動產事業很快就會蒸蒸日上。你身為屋主，心態公道無私，聲譽日漸高漲，你的被動收入也隨之漸增。

第 9 章

實現理想的斜槓人生：
靠智慧財產權獲利

如果你有讀過幾位過去數百年來，曾功成名就的幾位大人物傳記，你會發現他們絕非過度小心翼翼，反而大膽行事，因此獲致成功。他們看見高風險與高報酬之間的清楚關聯，熱切渴望承擔高風險。但問題來了：功成名就人士的傳記雖為數不少，但失敗者的數量遠勝於此。你知道嗎？失敗人士也受到高風險吸引，除非一得所償，否則將會一直處於失敗之境。對許多人來說，想一償風險宿願，是根本辦不到的事。

對你而言，終極的成功故事就是有辦法全面仰賴被動收入為生。也就是說，你有足夠的收入，或有一項巨額金流，不需要任何其他來源的金錢。在本章裡，你將會看到如何透過「日常工作」，培養你已經備有的技能，往目標更加邁進。換句話說，我們是在探討你能採取某些舉動，用斜槓人生打造被動收入。我們也將看到，其實這是一種過程，需要經過一段時間努力，不斷朝目標前進，而非一蹴可幾。有志者，事竟成，事實上，愈來愈多人發現，非得這樣做不可，因為其他可供選擇的解決辦法正在飛速凋零。

如何規畫你的副業

自從 20 世紀中葉以來，美國已建立「終身雇用制」概念，員工在同一間公司長期就職。這起自 1940 年代期間，當時極

需要人手，為戰爭事務投入心力。「開除員工」的概念開始全面消散。在 20 世紀早期，工作容易岌岌可危，可能隨時丟掉飯碗。那時候，諸如安德魯・卡內基（Andrew Carnegie）與亨利・福特（Henry Ford）等人，會關閉工廠、開除工人，試圖藉此破壞罷工行動。但因為人人迫切掙扎、拚命求生，多家公司開始提供一輩子的安全保障，包括提供健康保險福利、休假，以及精心周到的申訴程序等。

然而此一時，彼一時，現今幾乎無人終生待在同一間公司，且自行創業的人數日益增加，甚至有愈來愈多人利用正職所學技能，轉為兼職收入，再轉化為可望成功的被動收入。自行創業，已是常態，但不是例外。這種深刻變化帶來許多正面狀況，但鮮少有人說這些成功是憑空出現。需要諸多規畫，也要有過人膽量。以下是阿德里安娜（Adriana）的故事，請從她的創業經驗，看你能否認清自我：

4 年前我從大學畢業，取得平面設計學位。我許多朋友也有相同學位，談論如何開創自己的事業。看起來很簡單：在家工作，建立引薦人脈，然後創制某項智慧財產權事物，由我對外授權。不久之後，你所做的僅需兌現支票就好。但除了我之外，沒人成功。有很長一段時間，我不僅要兌現支票，還得進行許多事務。這就是為什麼，大多數人寧可為別人工作，即使知道『以時間換取金錢』終究徒勞。而且老實說，假如我沒有

先行備妥財務緩衝，我無法成為自由工作者且發展被動收入。

那時我決定停止以時間交換金錢，我明白自己想要的人生目標恰好與此相反。我想要有足夠金錢，但盡量減少所耗時間。經過一番思考，若要達成這項目標，似乎有 3 種實用方式可行。

首先，我能成為全職獨立的接案工作者，也就是典型的自由工作者。一開始看似是最簡單的途徑，我將有彈性工時，有能力追求任何吸引人的工作或任務，也能在接到通知後，有彈性地立即轉換手法和策略。由於我沒有資歷，我一開始必須低價接案，這是其中缺點。而且至少在一開始時，我依然必須以時間交換金錢，直到我有資本建立被動收入為止。

我也想到，其實我可以開設一個組織或一間公司，有辦公室和幾位員工。當然，由我自己擔任領導人。這樣一來，我必須尋得投資人或向銀行申請貸款。況且我也會覺得，比起僅僅坐在家裡使用電腦和電話，成立公司更能建立我的威信。我覺得這條途徑開始看起來更加吸引人了，因為有一次，我目前工作上的某位主要客戶把我叫到一旁，與我私下談話。他告訴我，說他很滿意與我的員工一起共事，而他對我個人的工作成果特別印象深刻，我感到榮幸。他甚至建議我，如果我打算自立門戶，他可能會帶著自己長期往來的客戶，跟隨我的腳步。

這真是激勵人心，但我也看出潛在的複雜性。一旦我不再有目前員工的支援和基礎設施，要是這位客戶到頭來不太滿意

我的工作成果，又會如何？我最好能夠準備就緒，應付繁忙工作，而且在某種意義上，我的客戶其實算是我的新老闆。我正式成為自雇者，但實際上可能與我所想的不同。

最後，我覺得第三條路最佳。我暫時不離職，同時也展開追尋被動收入。走在這條路上，我就有足夠的錢繳付帳單，也能踏上創業家的競爭舞台。唯一的麻煩是，我可能會浪費寶貴時間。只要我依然朝九晚五工作，我就無法盡量擴展我的點子。此外，只要我依然是靠薪水過活，我就必須萬分自律。我很怕自己擺爛，賺錢是為了付帳單，然後其他時間都遊手好閒。

我終於選定了第三個選項，但在大約 3 個月前，如同被地心引力吸引，我轉為過著全職的創業家生活。我發現要一邊從事全職工作來提供保障，同時還要當一個成功的風險承擔者，其實相當困難。另外，我確實預先存了一些錢，我便不必擔心接下來至少 6 個月的帳單，但前提是我不能任意揮霍。於是我一躍而入。我學到了重點，當你為自己工作，其實充滿機會，也有許多方式能創造被動收入。甚至可能有太多方式，因為真正的差別在於，你是否有能力推掉一個好機會，以便追求更好的機會。必須深思熟慮，時刻反省你的核心計畫，千萬別因現金太少就改變想法。

聽起來似曾相識？阿德里安娜的經驗很常見，她想要被動收入帶來的財務自由，但首先她依然需要一張能鞏固日常生活

的安全網。這倒不是問題，鮮少人（至少不是很多人）會因一時興起，突然離職，改為自行創業，除非曾先追求過副業或嘗試打造被動收入。所以在你脫離日常工作而想有所改變時，請做出正確舉動。若你尋求財務自主，並以創意方式造就此事，務必謹記以下某些關鍵想法。

請開始儲蓄資金

首先，在打算離職不幹之前，請開始存一點錢。換句話說，先別放棄你的日常正職，至少不是馬上離職。現今時日，已沒有所謂的「工作安全保障」這種事，但如果你是創業家，必須自行負擔全部風險，所以你最好有點積蓄。手頭上要先預存大約 6 個月的生活開銷費用，這是好辦法。也需特別留心健康保險相關事宜，這是一筆很大開銷，差不多等於一般人所付的租金*。請千萬盡己所能，務必做到這一點。萬一你有健康問題卻無保險，不但會讓你陷入困境，且沒有資金接受治療；以後若要投保，甚至更加困難。

建立你的客戶名單

一旦你自行闖蕩江湖，手上必須已有一些客戶。遠在你轉換為全職投入該項事業前，你應當先以兼差的方式自由接案。

---

* 美國沒有全民健保，醫療費用非常昂貴。

如果貿然轉為全職自由工作者，可能要花數個月或甚至好幾年，才有辦法建立客戶清單，由他們支付像樣的費率報酬給你。所以，在轉職前的時間裡，務必確保妥善握有客戶陣容，才可安心離職。

數字也要精算好。跳出職場，自立門戶，憑靠多重收入維生，雖然相當振奮人心；但如果你剛好已有家庭，最好確實清楚明白你的開銷有哪些，以及你是否有能力每月收支平衡。在考量這些開銷時，務必納入健康醫療保險的費用，以及你所出資的任何退休養老計畫。成為自由工作者，需要先行規畫，要有財務紀律，所以請務必確保你已經準備就緒。

其實，就算你不再是上班族，你依然有「雇主」，只是現在他們改稱為「客戶」或「顧客」。你仍必須面對截止期限，遵守諾言。不同於公司職場的諸多上班族，如果無法在截止期限內完工，即無法拿到報酬。所以，現在不再有頂頭上司在背後盯著你，且也不再是以時間換取金錢的模式。務必小心自我管理，做出權衡取捨。就根本意義而言，你必須「當自己的老闆」。

精通時間管理的重要性

有效的時間管理應是首要之務。有一個把一天分成 3 等分的方法效益良好。利用早晨時間，先行補齊你前一天已經落後的任何專案進度。有時不論你有多麼精心規畫，總是會遇到

一些事，妨礙你完成預定的工作進度。所以隔天務必要跟上進度，否則千萬別做其他事。有時可能不必這樣做，但其他時候，要耗費大多數早晨時間來補齊進度。

無論如何，請再利用一天的中午時刻，讓自己生活裡的各式應盡責任保持正軌。如果你有一個網路事業，確保你已經進行更新。假如有投資股市或不動產，要即時跟蹤，掌握狀況。

最後，利用下午時間，尋找新的機會，並與人保持聯繫，由他們為你找到機會。一旦初次設定被動收入，你將有好幾天工作量暴增。但只要正確行事，只要幾天即可處理好，而非擱置好幾年。心無旁鶩、專注致力於這項不易達到的目標，即能獲致豐碩獎賞。

例行工作與成長型工作一樣重要

排定一份可按照自己所需去做，也能隨時中斷的日程表，是創業後的其中一件好事。不過，請務必清楚明白自己正在做什麼。每當情勢變動，優先順序也要跟著改變，至少短期之內該是如此。比起大型組織，自行創業者具有敏捷性和靈活性，這是其中幾樣重大優勢。許多機會因具有時效性，萬一你的時間表故意排得很緊湊，當這些機會出現在你眼前時你卻受困其中，就會錯過。要懂得區分例行工作和真正成長型工作機會間

的差異，正是祕訣。兩者皆有必要，你也需要騰出時間完成這兩種事。

「例行工作」與「成長型工作」意指什麼？有些工作積極為你產生被動收入，而有些工作必須由你親自力行，維持源源不絕的收入。其實，沒有所謂純粹被動的收入。至少你還必須申請支票請款收錢、存錢，對吧？而且通常不止這些。出租物業需要有人管理，網站必須保持更新。

例行工作必須定期進行，每天、每週或每月至少一次。萬一沒有完成，後果十分嚴重。另一方面，除非你去做，否則成長型工作並不會自帶成效。所以，務必確保你知道自己的收入需要多少例行維護工作，如此才可清楚自己有多少時間，進行成長型的工作專案。成長型工作專案包括：

- 網絡研討會
- 課程
- 電子書
- 行銷資產
- 付費訂閱的電子報
- 新客戶的專案
- 內容

一次只進行一項成長型專案是最佳辦法。繼續從事這項專

案，直到它開始為你工作為止。初次展開某項專案時，請不計一切代價去完成，直到這件事能夠自行運作。也就是說，你要做到，能與潛在合作者或顧客分享的程度，或是這件事能開始產生收入。一旦某項專案已經開始賺取被動營利，要讓它為你工作，同時你還能從事其他事務。

智慧財產權是最完美的副業

有時很多人假定，只要離開上班領薪的世界，就代表展開全新人生。就某方面而言並沒有錯，但不該是要拋棄你的所學和專長。比方說，如果你任職於大型公司行銷部門，不必僅是因為想要成為自雇者，就非得踏入全新領域不可。相反地，要問自己，你要如何利用已經擁有的技能，藉此創造被動收入？

發展副業的工作訣竅

有極少數幸運的人，深愛自己朝九晚五的工作。現在有愈來愈多人發現自己兼職，可能是為了增加收入，或是想要激發自己的熱情。有時副業開始變得愈來愈像正職，突然間，這些人夢想著經營自己的事業。聽起來很耳熟嗎？你夢想著將副業轉正，成千上百人也是這樣想，你並不孤單。

離開一個穩定的全職工作，自立門戶、獨力更生，雖然很嚇人，卻也帶來世上最振奮人心的感覺。老實說，大多數人認為，創業之路不是高不可攀，就是太過浪漫了。其實兩者皆非，要自行創業，雖然所耗心力甚巨，但也是完全有可能做到的。若要成為內行人士，請遵循以下 5 項訣竅：

1. 關於何時要一頭栽進副業，自己要清楚且誠實。放棄全職工作所給的好處和安全感是件不安的事，有時還不太實際。但若只是一直等候適宜時機來到，其實也很危險。在把副業轉成新的事業前，問自己到底需要擁有什麼。事先存夠預備金是個個好的經驗法則，你要能夠長達 6 個月不靠薪水過活，或已存下你從副業客戶所賺收入。你也應當清楚知道你的潛在客戶可能有哪些人，以及如何與他們聯繫。

   處理這些後勤方面的考量後，要努力避免拖延。根據英國心理學會（The British Psychological Society, BPS）所言，如果為自己設下截止期限，你有 91% 的機率更有可能成就某事。所以請立即行動吧！要讓自己變得信賴

可靠。或許過了一陣子後,你不願意繼續做目前的工作;也可能有其他跡象顯示,確實是該離職的時候了。如果你目前的職位缺乏充實感,熱情也已經消失,也許這正是完美催化劑,適時幫助你展開新的人生。

2. 離職前要備妥流程,以幫助建立副業規模。在創業初期商業組織與制定策略占了大部分的成功因素。在每日系統裡,你必須限制壓力,盡可能創造更多效率和方便性。也就是說要精心安排時間排程,或運用免費軟體,使工作更有效能。同一天內,在不同焦點領域之間,盡量別反覆來回轉換。若是在毫無關聯的任務間來回轉換,會很沒效率,也會失焦。要讓腦袋休息,每天僅持續進行同一件事。

把工作數位化也有所助益。根據埃森哲公司(Accenture),企業與團隊使用雲端協作工具,可增加生產力,更加清楚企業內的進展,因此省下不少錢。一開始,把文件保存在可供分享的雲端空間(如 Google Drive、Dropbox,或你最喜歡的任何選項),可能有點蠢,但你有必要備妥這種結構,以便在你雇用某個團隊時,你能井然有序、有條不紊。

在離開正職前,先搞懂這對創業有利。轉換跑道時,要先備有可良好運作的工具和流程,再來準備離職,才可加速成功的時間。

3. 要勤奮工作，態度謙遜。你的時間非常寶貴，但身為新
   興創業家，你不能把時間當成貨幣。一開始要有心理準
   備，可能投入大量時間，卻獲得極少回報。起初，時
   間可能不一定與財務成正比，這是極為重要的心態。
   你的時間還稱不上是金錢，僅是基石。從頭開始建立
   副業，需要身兼數職。如果想要事業成功，你必須準
   備好同時擔任客服、業務、「個人貢獻者」（individual
   contributor）和人事經理。

4. 萬一覺得壓力大到喘不過氣，可進一步拆解工作項目。
   花更多時間處理日常工作，核對待辦清單。這些工作都
   是朝向遠大願景邁進，只是先將可行方式切分成小塊，
   再堆疊而成，而非一次進行龐大的作業。不要一直想著
   還累積多少任務，而是要花一些時間，真正明白事業的
   每項部分需要投入多少心力。

   你沒有頂頭上司告訴你對錯，所以你必須建立一種自我
   負責感；身為創業家，這是最艱難的一部分。關於創業，
   請寫下你在各方面所遇到的挑戰作為紀錄。如此一來，
   你才會清楚知道，雇用任何人可能需要應付何事。這是
   你發覺重要考量，思考往後可能需要什麼資源以達目的
   的最佳機會。

5. 與聰明人來往，即使你並未打算與他們共事。自行創
   業，基本上就是獨立完成工作，尤其是在草創期，要切
   記他人如何幫你成長茁壯，這對你的成功至關重要。要

把時間投資在同類心態人士。花時間認識其他人及其故事，建立珍貴的人際關係。我們認識的人可帶來機會或靈感，為我們造就成功。

接觸某些人，與他們談論你的點子，在網路上寫下你的想法，並成立社團，為你帶來力量。身邊若有人希望看到你成功，請善加利用。你會訝異地發現，居然有這麼多人想幫助你！

近年來，新創公司和小企業的數目已經急遽縮減；2016年，達到將近四十年來的新低。當時情勢愈顯艱困，嚇壞更多人不敢自行創業。要把副業轉為正職飯碗，這並不容易。但正如人生大多數其他重大決定，不管發生何事，不經一番寒徹骨，哪得梅花撲鼻香？千萬要小心，明智承擔風險，看出你的副業究竟能發展至何處。

　　一開始進行後，通常你會發現自己一頭栽進智慧財產（intellectual property）領域。也就是說，你產出的工作成果形式是文辭、聲音或影像。這些都有著作權，可供人取用，藉此賺取收入。簡而言之，智慧財產是終極的副業。

　　瑪莉（Marli）是自由接案的翻譯師，有次在網路上注意到某則有關著作權問題的討論。她在想：「對於我自行寫出的翻譯，我是否具有任何權利？」答案結果為「是」，尤其是在沒

有其他合約另行聲明該項權利時。這可造成很有生產力，並可創造被動收入的點子。下列是她的故事：

　　每當某部著作已絕版多年，該書的著作所有權可能失效已久。或如果是某個外語版文件，則可能是翻譯版權已失效。身為翻譯師，這兩項議題間差異對我來說相當重要。比方說，世上無人擁有莎士比亞戲劇的著作版權。我可用自己的電腦列印某個版本的戲劇，試圖賣出，而莎士比亞的後代或旗下的眾多出版商皆無法提出異議。但如果我以芬蘭文翻譯《哈姆雷特》（Hamlet），而芬蘭的某人想要出版我的翻譯作品，他們就必須取得我的許可，即使這齣戲本身是處於公眾領域。

　　在被動收入方面，這為我敞開龐大資源。以前，我理所當然認為，客戶付費給我，由我產出任何翻譯作品，其智慧財產權皆歸客戶擁有，因為這算是僱傭作品的交易。但這得經過我的同意。所以，針對我的翻譯作品要求保留權利，可成為我的談判籌碼。

　　況且，假如我自行翻譯某件作品，而非以僱傭形式交易，縱使原始文本處於公眾領域，我的成品依然擁有版權。也就是說，每當有人想要使用我的翻譯作品，我有權索討權利金支票。一旦瞭解這一點，我立即開始翻譯某些公眾領域的知名作品，尤其是那些經常被編入文集的故事。對我而言，這已成為極佳的被動收入。我翻譯愈多故事，這道金流就愈大。

隨著科技持續發展，你可能很訝異，居然有這麼多項目被納入智慧財產。舉個例子，英文可能是你唯一所懂的語言，但你依然可以擁有翻譯權。即使你是用電腦輔助翻譯程式完成作品，這個翻譯文本的權利依舊歸屬於你。所以，請覺察你人生的諸多領域，找出哪些領域可讓你產生成果，且可符合資格成為智慧財產。如果你身處服務業，如顧問諮詢、攝影，或甚至是製造業，皆有很好的機會。假如情況如此，以下是你應該立即施行的某些步驟。

成立著作權

在作品內添寫一小段著作權聲明，加上某個商標或服務標識，藉此主張你的權利。也可申請專利，保障你的作品產物。你必須保護自己的辛勞成果，讓別人難以出售你的作品或用來謀求自身利益。成立著作權，其實遠比你所想的還要容易。

通常只要在該項素材聲明具有著作權，比方說，在網頁底下寫出聲明，即能產生法律效力。至於紙本印刷的文字材料，只要在上面備註「©」，附上你的大名即可。要為設計作品或軟體創新物件成立著作權，可能有點複雜，所以可向律師諮詢，這倒是不錯的主意。但千萬別疏忽這項步驟。除非你能證明該項智慧財產屬於你，才有辦法靠智慧財產吸引被動收入。

索討保護授權金

只要有人想用你所擁有的素材，要分別向對方索取費用。這可供應強大的被動收入，假如無法肯定你能夠控管自己創造物的用途，可在原始合約裡，著眼處理這項問題。

舉例如下：你是位景觀設計師，針對某新綜合辦公大樓附近的園區，製作了一份美麗設計。你投入才華和想像力，創造出這份設計。你也需要許多時間，不僅花了好幾個小時製作設計原稿，也得靠你之前累積的多年相關經驗。更重要的是，辦公園區的訪客現在皆可看到你製作的這份設計。如果另一位不動產開發商想要開發類似的辦公園區，很有可能這位開發商將會複製你的設計，卻不給你任何補償金。為求應付這種可能性，你可向原始客戶協商索討授權金，加上可能衍生的任何諸如此類單筆款項。如此一來，可確保你的勞心作品不會被他人進行再製而牟利。

如果你的客戶不同意支付授權金，那麼你要強烈主張增加你的基本費用。關於智慧財產的創作，你是憑靠己力成為藝術家。而在藝術的世界裡，藝術作品價格極高，並非沒有原因。

假設某位畫家創作了一幅風景畫，並且以 10,000 美元售出。隨著這位畫家持續進展生涯且建立良好聲譽，這幅風景畫開始增值。那麼，只要原持有者把這幅畫拿去拍賣，以 100,000 美元售出，則那位持有者賺了 90,000 美元的利潤，但畫家卻分不到半毛錢。

因此，藝術家有充分正當理由，針對持有者的未來利潤，納進這位藝術家的原始價格裡。在美術世界裡，你也可以讓客戶選擇持續繳交授權金，加上這個作品往後帶來的被動收入，或你可預先提高原始售價。既然授權對雙方皆是最佳選項，他們很有可能答應，然後你未來每年都能收到版稅支票。

權利金協商

如果客戶使用你的著作權素材來產生銷售額，你也可以與之協商權利金。這是合法費用，可供營利企業持續使用你的智慧財產。更重要的是，假如這項權利金或授權金被課稅為被動收入，即可由其他副業活動產生的被動損失來抵銷，如不動產投資。花費至少50％的時間在不動產事業上，即可算是不動產專業人士。除非你是不動產專業人士，否則可於法定範圍內，從其他所賺被動收入能減免你在不動產方面的被動損失。至於細節，請洽詢稅務會計師。

把你不會的工作外包

隨著你日益功成名就、廣為人知，你可將工作外包給其他專業人士，藉此創造被動收入。若該項工作是用來創造智慧財產的必要工作，你可按照比例分批外包，範圍從內容管理到創作都有。假如確實選擇雇請某人代為創作你所售智慧財產的某項元素，請務必確定，雙方皆已簽署一份協議，容許你獲得授

權或澈底買斷對方的工作成果，以便納入你的商品裡。

舉個例子，若你想創造某項線上課程，但你的設計能力很糟，可將該項工作外包他人，並與對方締結協議，把該項設計所有權給你。將某些職能外包給他人，可大幅減輕你所能處理的總工作量，而你賺得的收入就能用來彌補行政管理費和品管能力。

行銷你的智慧財產

一旦你開始創意思考，即可透過智慧財產壯大你的副業，這種機會多的是。事實上，若你已用盡專業領域的可能性，即可開始尋求其他相關領域，不但可以建立額外的被動收入，還可當作行銷你所售之物的一種方式。

依你自身的專業，加入聯盟行銷方案，這是絕佳的起手式。第 4 章已提過這些方法，不過要再次重申，這些方法容許你利用網站連結，抽取這些連結的任何銷售額的佣金。若將自己的智慧財產聯繫到相關聯盟方案，不僅可以存下額外現金，還可被連結到其他公司，藉此達到「暈輪效應」（Halo Effect）。*

---

* 也稱光環效應或成見效應，原指在人際交互作用過程中形成的一種誇大的社會印象；因而表現為在個體的社會知覺過程中，將對方的最初印象不加統整分析就用來判斷、推論此人的其他特質。

顯然你要先為你的副業建立登入頁面，除此之外，你也應利用社群媒體為行銷推一把。現在，大多數社群媒體網站皆容許大家在其平台直接銷售，這有助於傳達訊息給你的社群人脈網路，創造一個深具影響力的行銷管道。

想法梳理

在本章我們已經見到，如何轉化工作職場為背景環境，讓你將來更能即興創業。我們也看到，你要如何從中獲利。第一步是要立下承諾，停止以上班時間交換金錢，但你也需要充足資金，按照承諾來行動，直到某些金流開始流入為止。我們也已經看到，智慧財產的概念如何敞開意想不到的收入。為了賺取這些收入，你僅需某些創意，且堅定自信能從創作中獲得報償。你會肯定成功，只要切記，一如本章開頭所言，這些事不會憑空出現，要由你親身力行。

第 10 章

把人脈變現的
多層次傳銷

　　截至目前為止，你已經探索幾種被動收入。不過你可能不會考慮某個選項，因為你會先說服自己放棄，也就是「多層次傳銷」（multilevel marketing），亦稱「直銷」（direct sales）。在你對此嗤之以鼻前，或以為我們是在建議你舉辦聚會，賣出人人皆不想買的物品時，請放心，「多層次傳銷」（MLM）正在經歷各種各樣的復興再生。

　　長久以來，這種被動收入飽受大量爭議。就某些人而言，這是通往創造被動收入的直接路徑。至於其他人，則認為這是警世寓言，到頭來只有你自己為自己買單。但只要做得對，多層次傳銷也能讓你獲利。

　　不論坦承與否，人們對勤奮工作的好處有相當複雜的感受。我們一方面相當欽佩以辛勤勞動維生，甚至因此致富的人。另一方面，若有人繼承財富，尤其他們還把部分財富捐給慈善公益機構時，我們其實不會妒忌。

　　在世界其他地方，很多人深深仇富，但仇富的憤怒感從未深植於美國，可能是因為在美國有太多人想自行致富。只要有所選擇，我們大多數人寧可輕鬆的道路，而非辛苦致富。我們偏愛夢想明天中了樂透，而不是花費二、三十年建立事業。而且我們只想要收到支票，或收到匯票存入銀行帳戶，而非從事朝九晚五的工作，然後在週五領薪水＊。簡言之，我們欽佩工作

＊ 大部分的美國公司都採週薪制度。

相當勤奮的人，但在自己的人生裡，我們卻想盡量以被動收入替代辛勞工作。

對工作與財富有著雙重感受，其所代表的意義清晰聚焦了多層次傳銷的主題。在某種意義上，多層次傳銷是終極的被動收入。如果一切事情照著計畫走，即可迅速發展出一條持續擴大的下線群組，他們的工作成果為你，也為自己帶來益處。若要搞懂這些是如何發生，或應當怎麼發生，且讓我們先來瞭解基本原則。

多層次傳銷的基本法則

多層次傳銷簡稱「MLM」，或稱「人脈行銷」（network marketing），是一種透過一連串半獨立式經銷商提供服務，而非經由傳統的零售通路，如店鋪或郵購等，來銷售產品的方式。每位 MLM 經銷商有兩種基本工作，第一件工作是要賣出公司的產品或服務，而第二件工作則是招募更多經銷商，進行相同目的。

每個新加入的成員輪流招募經銷商到這間組織裡，受到鼓舞後，再由自己招募更多人進來。最後，積極主動的經銷商開發出一種子結構，稱為「下線」（downline）。一旦能達成這種結構，經銷商不僅能從自己的銷售中抽取佣金，也能從下線經

銷商的銷售額抽取費用。只要達到某種銷售等級，通常還有績效獎金可拿。既然每位經銷商都從下線銷售額中獲利，經銷商協助下線獲致成功，也能為自己帶來優勢。

多層次傳銷的基本概念已存在至少百年之久。但在戰後的美國，「安麗」是第一間獲致龐大成功的公司。「安麗」英文名稱是「Amway」，也就是「American Way」的縮寫。這家公司成立於 1959 年，自從那時起，在全世界九十多個國家和領土，以及在美國和加拿大，安麗有為數不少的附屬公司，並透過這些公司經營事業。

2017 年，這些公司家族呈報的銷售額高達 86 億美元。其公司的產品線包括私人照護用品、珠寶首飾、膳食補充劑、淨水器、空氣淨化器、保險、各類居家用品和化妝品。一如安麗網站所述：「超過 45 年來，安麗公司幫助人擁有自己的事業。」

經過這些年來，其他直銷事業模式也隨之跟進。各位可能常常聽到的許多公司有：

- 賀寶芙（Herbalife）
- 隆加伯格（Longaberger）
- 歡樂廚婦（The Pampered Chef）
- 玫琳凱（Mary Kay）
- 雅芳（Avon）
- 艾薾保（Arbonne）

- 蔬果至尊寶（Juice Plus）
- 魯拉羅（LuLaRoe）
- 康寶萊（Medifast）
- 羅敦與菲特（Rodan + Fields）
- 森斯蒂斯（Scentsy）
- 帕蒂利（PartyLite）

在銷售世界裡，這些只是多層次傳銷公司其中幾例。還有數百間公司存在，這些公司方案的參與者全都獲致各種程度的成功。這張清單顯示，自從安麗公司展開直銷革命，多層次傳銷已有很大進展，不會太快消失殆盡。然而，儘管這項被動收入模式壽命很長，不少人仍毀謗批評多層次傳銷。

多層次傳銷的爭議

有時大家信誓旦旦，說多層次傳銷不是「層壓式推銷」（Pyramid scheme，亦稱「金字塔式騙局」），因為有買賣實質的產品，再轉手給他人。但問題不在於產品銷售本身是否有違不公平交易實務。只要符合聯邦貿易委員會（Federal Trade Commission, FTC）與州立規範的嚴格條件，多層次傳銷是一種合法形式的生意。許多 MLM 公司忽略這些條例，逕行經營，

只因為尚未被人提告。此外，近來的法院裁決使用「70% 法則」來判定一家多層次傳銷公司的合法性。「70% 法則」起自 1979 年，當時安麗公司的法定立場問題引人注意，因此產生了「70% 法則」。也就是說，在一家多層次傳銷公司所售的全部物品裡，其中必須至少有 70% 是以批發價或零售價賣出。

自那時起，多層次傳銷公司社群間即大肆流傳這項裁決。難道有 70% 的產品必須只能賣給非經銷商？或可由從事銷售的人來購買？即使這項規則的建立，旨在預防經銷商為了賺取當月佣金而囤積物品。這項規定有點讓人困惑，所以，看來最可靠的辦法是，確保自己嚴守法律範圍，向聯邦貿易委員會求證當前法律規範。

1979 年，安麗裁決與許多其他決策接踵而來，不僅著眼於如何處理產品購買，也處理了眾人的報酬領賞方式。信譽良好的多層次傳銷方案很多，但也有不少公司以金字塔式騙局成立。在判定這是否為你的合宜被動收入時，你要先進調查責任，針對你所考慮的公司，詳加研究其聲望。雖然大多數多層次傳銷計畫都是合法的，僅有少數公司是非法的老鼠會。要瞭解其中差異，這點相當重要，自不待言。

在金字塔騙局裡，是透過已入會的經銷商人數抽取佣金。這些經銷商被迫購買大部分的產品規模，以樣品形式，供於私人用途。這些東西大致上絕不實質公開販售。他們有各式各樣的商品與服務，可以是任何事物，從維他命到汽車租賃都有，

來當作幌子，讓這家企業看起來合法。

　　加入金字塔式騙局的風險極大，因為絕大多數會員都會賠錢。他們提供報酬給銷售鏈裡的少數幾位頂尖人士，到最後大多數人一無所有，拿不到錢，只拿到昂貴產品或行銷素材，他們皆是被誘騙而購買。

　　把這個聯想成「連鎖信」（chain letter）*。一次又一次，幾乎每個人被要求加入計畫，並提供美好前景，表明有數百張個人支票很快就會出現在你的信箱，什麼事都有可能發生。連鎖信承諾你，花費少量力氣即可獲致可觀回報。這些也都不合法，理由很簡單，天下沒有免費的午餐。但為了明白多層次傳銷的意義，我們必須靠近一點，細看連鎖信運作方式。

　　最簡單的連鎖信形式，內含一張姓名清單，上面通常列了 5 到 10 人。你被認定要把支票給名單最頂端的人。然後刪掉頂端的人，把第二位人士往上推至頂端位置。你把自己名字擺在最底部的位置，複製這封信，將這些信寄給你的朋友。提出美好前景，說明只要名字被列至清單頂端，將會收到大筆金錢。

　　但你拿不到半毛錢。連鎖信無法奏效的原因是，且讓我們假定名單上面有 10 個人，名單上的人也都很誠實，持續不斷維持這條線。僅需轉發信函幾次後，遠在你的名字達到清單頂部前，有數千人將會收到複製的信。若要拿到任何錢，這封信

---

* 要求收信人複製數份再寄給其他人，有時還威脅如不照辦會有厄運降臨。

必須輾轉流連 10 次，其中將需要數百萬人參與。縱使僅有少數連鎖信件實質持續運作了幾個循環，整個國家也會因為被這數十億的信件重量壓垮而停止運作。幸運的是，這種情況絕不會發生，未來更不會。

所以，這種結構類似連鎖信，為何居然有人還會相信能夠奏效？在這項信念與多層次傳銷的吸引力間，是否有某種連結？關於第一個問題，大家受到這些詭計引誘，是因為對於數學級數，人的心智無法直覺體悟。事實上，這也不需要耗費多太力氣，開銷也沒多大：你寄出一、兩張 5 美元支票，以求自己可能收到數百張此類支票。

某種情況與這個很類似，1980 年代，所謂的「金字塔俱樂部」（Pyramid Clubs）風行一時，其中某些會員費要價 1,000 美元。當時，還有金字塔電話詭計。至於現代，網際網路也是類似詐騙的沃土。不過再次重申，沒人會因此賺到錢，可能僅有一人致富，此人正是原始信件發起人，而此人的名字正好列於名單頂端。這就是為何對於你所相信的多層次傳銷結構，千萬要小心注意。如果這只不過是金字塔式的老鼠會，你絕對拿不到預期想要的回報。

你的下線就是你的力量

　　一旦你瞭解有各種合法多層次傳銷前景存在，即可把焦點放在每個公司下線運作方式的細節，並開始提出問題，例如，多層次傳銷公司是否設限擴張下線的的範圍？

　　實際上，不同的多層次傳銷公司訂定了不同的管理規則，可以透過多少級別，支付費用給經銷商。有些人將等級數量連結到總銷量，或僅是施加一個任意裁定的截止點。此外，一旦他們達到一定的銷售量，下線經銷商通常可以獲准從母公司經銷商進行拆分，並擔任自己連鎖鏈的領導人。

　　無論如何，你都可以看到，成為這種混搭組合第一人有何好處。你從所有下線收取款項，至少直到你最成功的招募會員與你拆分為止。同時，如果你能持續招募自己的下線，你始終能帶進更多人。他們每次成交，你都能得到佣金，且當他們招募的下線每次完成交易，你也可以從中抽佣。一旦這種模式開始滾動，你甚至不需自行進行任何交易，就會成為純然的被動收入。

讓多層次傳銷走進社會

在成為大學新鮮人的那個暑假，香黛兒・沃特貝瑞（Chantel Waterbury）駕車前往北加州，挨家挨戶販賣美國直銷公司卡爾加理（Cutco cultery）的刀具。當時她並不曉得，這項經驗日後對她 2011 年創辦克羅伊與伊薩貝公司（Chloe and Isabel）的創業過程與決策，產生了深遠的影響力。

儘管她在零售業有著令人稱羨的人脈和資歷，包括曾任職於梅西百貨（Macy's）的時尚珠寶採購、美式服裝品牌老海軍（Old Navy）的首飾總監，和哈斯克珠寶（Haskell Jewels）副總裁，負責監督肯尼斯・寇爾（Kenneth Cole）的珠寶設計與業務部門，沃特貝瑞仍選擇創辦自己的珠寶品牌，並走直銷路線。

她說，這個決定大多源自於她不僅只是想賣珠寶首飾的慾望。「我有個更遠大的願景，就是為女性提供賺錢的機會，並讓她們學習艱深的技巧，到哪都能用。」

時至今日，位在紐約的公司已有 85 名員工，和超過 5,000 名零售業務組成的人脈網路，他們採用快閃店的形式，或在自己的網站上販賣公司產品。一般印象中，直銷都傾向錄用年紀稍長的業務，但 75％的克羅伊與伊薩貝推銷業務，年紀低於 35 歲。

我們與沃特貝瑞聊了直銷是如何進入零售業的範疇。

▶創業家媒體：我們先來聊聊妳賣卡爾加理刀具的經驗。妳賣得如何？

▶ 沃特貝瑞：整整 3 個月，我賣出了價值 33,000 美元的刀具，這筆錢足夠我繳交大學前兩年的學費。我把刀子賣給了那區域的每一個人，問題是刀子能用到天長地久，所以我很快就耗盡了我的人脈資源。我曾試著賣真空過濾器，但因為我自己並不熟悉這項產品，所以非常困難。這樣說吧，當時我連一個都賣不出去。

▶ 創業家媒體：我們把時間軸快轉，到妳剛創業那時候。妳明明在零售業有資源，但妳卻選擇做直銷，為什麼？

▶ 沃特貝瑞：我一直都知道，我想要打造自己的品牌跟公司，但對怎麼做並沒有清楚的想法。我只知道，當我爬上了創業階梯，就算做到頂尖，仍缺少點什麼，我不覺得這能帶來足夠大的影響力。我真心認為，經濟蕭條對千禧世代的打擊最為嚴重，當時我就想到直銷，因為我曾做過這件事。我之後才知道，原來對年輕人來說，那不是會優先考慮的工作機會。

▶ 創業家媒體：還有其他預料之外的事嗎？

▶ 沃特貝瑞：打造克羅伊與伊薩貝這個品牌是最輕而易舉的部分。最困難的部分，是改造直銷的傳統模式，融入今日的市場。這就是為什麼，我們稱其為「社交零售」（social retail）。當時我並不認為自己創造了一個社交平台，而且我完全不知道，我最大的團隊會是工程團隊。但我有個清晰的願景，並知道我想要如何實現，且我的零售推銷員要擁有那些工具。

▶創業家媒體：在這方面，我猜社交零售對女性的吸引力，大過於舉辦「特百惠公司派對」（Tupperware party）[*]和挨家挨戶的銷售方式。

▶沃特貝瑞：我在做直銷時，我的活動範圍限制在 48 公里內，必須開車逐一拜訪每個客戶。現在人際關係的力量仍未改變，即使有，在現今的社會反而更加緊密。

▶創業家媒體：為什麼？

▶沃特貝瑞：現在有愈來愈多人透過社群媒體影響他們的消費。推銷業務第一次收到陌生訂單時會非常興奮，但通常只要稍微深入探究，會發現其實他們之間有共同友人。

▶創業家媒體：網路販售跟傳統零售有何不同？

▶沃特貝瑞：大多數零售商仍將重點放在長篇評論。向陌生人推薦商品時，賣愈多愈好。我們正在做的事卻更加個人化，因為一切最終都將由個人出售商品。也就是說，我們注意到人們希望購買的產品有足夠保障。他們登入我們的論壇，並要求其他人張貼圖片。他們不想要行銷手段，他們想要真實的相片。

---

[*]特百惠是一個以保鮮盒聞名全球的美國家居用品品牌，特百惠派對是公司會找一個人作東，請他在他家辦 party、邀請親朋好友來玩，然後先祭出三個互惠（送參加者禮物）、承諾（參加者輪流說出特百惠有什麼好）和社會認同（參加者大家都會買保鮮盒）。特百惠也曾打入台灣市場，但於 2006 年 9 月 1 日全面撤出代理權。

> ▶創業家媒體：是否有透過社交管道販售的禮節規範，尤其是在自己的人脈網路中？推銷業務會對自己的朋友賣東西嗎？
>
> ▶沃特貝瑞：禮節無所不在！我們公司不只是時尚品牌，更是生活風格的品牌。當你行銷自己，就是為你的客戶增加價值，這也適用於我們的推銷業務。 我們鼓勵成員學習達到銷售珠寶和行銷其個人品牌的平衡，這有助於增強品牌親和力，並為人脈網路建立價值。
>
> —— 莎拉・馬克思（Sarah Max），創業家媒體撰稿人

　　這美好到讓你無法置信？沒錯，有時的確是。一方面，多層次傳銷公司的高階經銷商理應提供訓練和支援服務給下線。但就事實而言，不一定總是如此。有時新成員被勸服加入，願景是要達成財務自主而致富，他們聽到的總是這些甜言蜜語。但他們之後仍須自掏腰包，購買任何可能的產品樣本，但卻沒有多少誘因花時間賣出去。若要荷包滿滿，真正關鍵在於招募新人，這就是所需付出的心力。

　　如同連鎖信，多層次傳銷的起始成本相對來說通常較低，有時不到 100 美元，即可購買產品。他們說你會得到一連串的回報，且永無止境，有許多新入會者會想：「我也沒有什麼損失。」然後，有些人很快就投入數千美元到多層次傳銷事業，

買下更多產品，砸下聚餐費、交通費，購買平面印刷品、錄音帶、書籍等，還有更多其他可購買的物品，為母公司帶來豐厚獲利。

如何付出才能獲得回報

截至目前為止，多層次傳銷聽起來沒什麼優點。所以我們來問問另一個非常直接的問題：是否真的有人靠多層次傳銷賺到錢？這裡有一些好消息，答案為「是」。但如同其他營利事業，能賺取的金額與你所付出的心力、時間、承諾和規畫成正比，而這些都是打造事業的基底。通常，經銷商要花一年時間，每星期工作 10 到 15 小時，賺取一個月大約 1,000 美元的收入。投資報酬率不差，但真正的錢來自於剩餘的被動收入，可能需要集中 3 到 5 年的精力打造。且讓我們迅速一窺其運作方式。

每種多層次傳銷皆有專屬的報酬計畫，這僅是一種從中獲得金錢的機制。這些計畫清楚說明你需要達到多少銷售額，才可賺到錢，以及有多少下線會付錢給你，還有在什麼情勢下，你才有資格拿到獎金。也有混合式計畫，結合這些基本結構的一項或多項元素。不管公司既有的計畫是什麼，大多數人皆很容易輕信。假如不相信，一開始就不會簽約了。

有些計畫旨在支付高額比率的預先可得獎金。這些款項用於支付個人銷售額，以及前三級團隊銷售額的佣金。其他則是用來支付較高等級的費用，而有些則是散布在獎勵金支出，橫跨所有級別的報酬計畫。不管計畫類型是哪一種，**關鍵在於只要公司本身合法，即可能從任何一項計畫中賺到錢**。該項產品與你所付出的心力會造就不同結果，而你需要從做好研究。

請先自行調查

現在，你已熟悉多層次傳銷運作方式的基本原理。你可以掌握這項知識，開始審查可能加入哪間公司。如果想加入多層次傳銷計畫，要花時間學習到底牽涉何事。先詢問下列的問題：

- 這家公司有什麼樣的追蹤紀錄？
- 這家公司販售什麼產品？
- 公開販售的產品量大致上是多少？
- 是否有證據可以支援產品的相關主張？
- 產品完全已有定價？
- 是否可能吸引一大部分客群？
- 加入這項計畫，投入額是多少？

- 是否有每月最低應達銷售額？
- 是否需要招募新的經銷商來賺佣金？

　　需要事先知道的事很多，這些僅是其中幾項。你愈加細看這項交易，就會浮現更多問題，請別猶豫，一定要問清楚。

瞭解自己即將面臨的責任

　　致力投入多層次傳銷前，針對這家公司和你自己，要先提出問題、不斷詢問、多加探問。擁有強大的被動收入，雖然不錯，但你必須利用高明的手段，由它為你工作。比方說，若你認為僅靠賣產品就能致富，你會大失所望。你的下線才是你的力量；此外，要明白初創時有哪些費用，才不會超出預算，也可判定這項投資報酬是否值得。

　　若某個經銷商告訴你，僅需支付入門組合的價格，即可通往致富之路，請對這些話抱持懷疑態度。入門組合通常是存貨和銷售庫存，有時則是一項承諾，保證在每個月出售特定量的產品或服務。可能還會要求你付費參加培訓計畫，或付錢擔任銷售領導人。你可能還要自掏腰包買下產品。除了財務責任外，身為經銷商，你將身負更多其他責任。

你也有法律責任

也千萬切記，一旦投入多層次傳銷，你就是代表這家公司及其產品，即使嚴格來說，你並不算是該公司的全職員工。若你選擇成為經銷商，關於這家公司和其產品所提供的事業機會，你的言論皆須負起法律責任，請務必清楚這一點。就算你只是朗讀某家公司小冊子或廣告傳單藉此宣傳，也同樣適用。

比方說，當你徵求新的會員時，你聲稱的任何獲利潛力，你都必須負起責任。務必誠實描述，避免做出不切實際的承諾。萬一這些承諾砸鍋了，你可能會有法律責任。這裡的教訓是什麼？一頭栽入前，針對一般大眾、顧客和潛在的下線夥伴，你打算要如何向他們呈現這項產品和品牌，請務必先探究這家公司的立場。

此外，關於某項產品性能功效的任何主張，務必驗證相關研究，才可向潛在顧客推銷。舉個例子，若你考慮販售醫療產品，如臨床護膚產品等，要先確證相關研究。若你的產品無法實現某些承諾，你不會想因此負起法律責任；評估任何多層次傳銷機會時，請運用常識。

多層次傳銷領域日漸成長茁壯，到處都有人在招募會員。有些人會要你相信這是未來潮流，是一種愈顯衝勁的商業模式，合法成長，最終將會取代大多數行銷形式。很多人受到引導，相信只要信任這項體制、遵守方法，人人皆可成功。但結果仍有待研究，所以請花時間，確保你已瞭解每項機會與產品

的詳情。

對自己的目標誠實以對

你的目標終究是要賺錢。但在多層次傳銷，你要採用什麼方式去做，決定權在你。你當然可以賣出產品，把能量聚焦於經營一群忠實客群。不過，擔任經銷商，且與你其他下線的經銷商合作，才能讓這種商業模式真正為你工作，這才是多層次傳銷的真理。

也就是說，若把某種商業模式想得太過偉大，簡直與「樂透彩券是絕佳商業創投機會」這句話沒什麼兩樣。當然，總會有人中了樂透頭獎，話是沒錯，而且有些投資人（或許甚至數千人）已從多層次傳銷獲利，這也是真的。但事實上，零售生意僅是這項核心事業的一小部分，如何吸收投資人到一個日漸擴張的組織，而使這家組織允諾倍增的收入成長才是重點。但對自己的目標要誠實以對，也要清楚瞭解自己有何能耐，才能維持人脈。

在任何多層次傳銷或人脈網路行銷的事業裡，都是由底端的新投資者持續為頂層經銷商帶來收入，也為這家贊助公司謀求利潤。也可以解釋為多層次傳銷有實在的持續性，但並非出自一般消費大眾，而是來自這些滿懷希望的投資者。這群投資者集結起來，在經濟過渡、全球化和員工轉業等時期，明顯成長茁壯。

這就是為什麼，多層次傳銷也算是被動收入的強勁選項之一。針對這家公司及其產品，你應當先調查，執行初步研究，也應該辨認多層次傳銷是否有潛力當作被動收入。若要真正精確計量該重要的潛力，其中一項方法即，是分析直銷公司提出的承諾與現實面的差距。

美好前景與骨感現實

在多層次傳銷的招募行銷說明會裡，共同主題經常是某些承諾，夢想著迅速輕鬆賺取被動收入，談及繁榮富貴與終極幸福快樂間的關聯。你要認清這些承諾何時合情合理，何時則否，這一點相當重要。以下是多層次傳銷業經常許下的共同諾言，而在你聽信之前，請務必備妥某些資訊：

承諾一：多層次傳銷可賺更多錢

比起所有其他傳統事業和專業模式，多層次傳銷可提供較佳機會，產生大量被動收入。

然而事實是，對於投入其中的多數人而言，多層次傳銷到頭來是一場日漸慘輸的財務計畫。根據統計，在多層次傳銷經銷商中，曾經賺到利潤的人不到百分之一，而賺到顯著重大被動收入的人少之又少。這項問題大多歸咎於銷售額和行銷障

礙，但就算這種商業模式可行，僅需計算一下，即可得知機會有限。

多層次傳銷商業結構僅能支撐少數幾位財務贏家。如果需要 1,000 人成為下線，以求賺得大幅收入，那麼，這 1,000 人將需要 100 萬美元以上，才可複製這項成功經驗。實際上能吸收多少人加入？若要看起來有所成長，大多時候皆要持續拉新成員加入。贏家並不多，而他們的錢來自持續吸收新的普通人。除非某個地區嚴格限制經銷商人數、精心評估市場潛力，這套體制天生就是不穩定。針對你正在考慮中的任何一家公司，要求財務報表、銷售額和下線的資訊，以確保獲利潛力是真的。

承諾二：直銷穩贏

你會聽到「人脈網路行銷是最受歡迎、最有效的新方式，以便將產品導入市場」。這是因為，消費者基本上喜歡「一對一」的方式來買產品，而多層次傳銷正好偏好此道。

以一對一的方式，直接零售給朋友，雖然需要大家劇烈改變自己的購買習慣，卻能彌補實體商店和網路電商間的購物隔閡。沒錯，顧客能選的項目有限，產品售價可能較貴，也可能與親戚好友產生彆扭的買賣關係，不過，對方可以得到私人性質的服務，不用開車前往店面，即可試用產品。根據「直銷協會」（Direct Selling Association）所言，有 68％的消費者偏好親自購物，而非從網路購買，因為他們能眼見為憑，實際觸摸物

品，也能先行試用。

承諾三：多層次傳銷是未來潮流

在未來，所有產業經營皆是透過多層次傳銷出售。購物中心、郵購目錄與大多數形式的廣告，很快就會過時，被人脈行銷取代。至少，大多數多層次傳銷公司都是這樣跟你說的。

實際上，在所有的零售銷售額裡，透過多層次傳銷進行的交易不到百分之一。其中，大部分都是由滿懷希望的新投資者來購買這些東西，他們其實是在支付入場費給某項事業，且不久之後，就會放棄。多層次傳銷並非是要取代現有的行銷形式，縱使可以透過社群媒體行銷來強化其成就。

事實上，它其實根本不與其他行銷途徑競爭。多層次傳銷僅是披著行銷的外衣，推出新的投資方案，**經銷權（distributorship）才是真正的產品**。大家購買產品，以便穩固下線地位，及其允諾的被動收入。至於能否致富，可能性也漂浮不定；如果不是你親身勞心勞力而得，那麼就是由某些其他未曾謀面的人為你付出心力而得，這些人可能已經成了你的下線。所以，雖然多層次傳銷無法取代傳統銷售，無論如何，它確實較不費勁。

承諾四：打造心靈禪宗的生活風格

多層次傳銷承諾新的生活方式，不僅提供收入，還可享受

幸福快樂和成就感，並提供一種實現世上全部好事的方法。加入某間公司，並非只是為了賺錢創投，而是一種真摯的心靈體驗，宛如成為某個家族的一員。多層次傳銷是正面積極的支持性質事業，肯定了人類的心靈和個人自由。

在多層次傳銷招募說明會，擁有物質成就是最顯眼的激勵重點，接著提到「擔任自己的老闆」，讓你有個人的充實感。《財富》雜誌排名前100大公司可能羞於過度允諾財富與奢華，反觀多層次行銷的招募者，卻經常提到這些深具吸引力，卻通常有違人類要從事有意義和成就感的工作，發揮自身特殊天賦的真實渴望。

然而，我們也愈來愈常見，多層次傳銷公司把這些承諾都包裝在一起，說你能夠藉由兜攬生意，取代平日正職，而且開除老闆後，即可找到成就感。這些點子並非獨有，許多公司都會使用這種作法。為下線提供支援、打造團隊與獎賞（還包括支票），很多公司試圖許下雙面承諾，一舉成功。

然而，推廣多層次傳銷的入會招募，常用諸如「豐盛意識」和「創意觀想」等心靈概念，使用「溝通」之類的字眼形容某個銷售組織，並宣稱「多層次傳銷實現心靈信條」，此時請切記，這些都是騙人的。若是以旗幟或宗教來包裝某項產品，買家要當心！多層次傳銷組織對新成員提供「社群」和「家族」，全然是想吸引對方購物。只要購買物和新入會成員減少，家族規模也會變小。

承諾五：完美的工作方式

有些人承諾，多層次傳銷容易成功，因為你的親友皆是自然而然的潛在銷售對象。那些愛你、支持你的人，將會成為你的終生顧客。

不過，多層次傳銷提倡與親友建立商業化關係，這點受到高度質疑，也可能傷害所有牽連到的人。親戚朋友不一定喜歡被人推銷，尤其當發生頻率不止一次時。向你的孫女購買女童軍餅乾，是一回事；而向你的姻親購買節食課程，又是另一回事。你或許應該另覓他處，找到顧客，而不是把事業與家人混淆不清。

承諾六：這是終極的斜槓創業

你可以在閒暇時進行多層次傳銷。把它當作事業，可提供工作彈性和個人自由。一星期僅花幾小時，即可賺取顯著的被動收入，但到最後，卻可能讓任何其他工作變得舉無輕重。

不過，對於大多數人而言，想從多層次傳銷賺錢，需要認真投入時間，也要有大量技巧和毅力。除了付出工作心力和天賦外，這個商業模式本來有違人生的某些領域，但大多數職業卻不影響這些領域。在多層次傳銷裡，人人皆是潛在顧客。只要醒著，任何時刻皆可能從事行銷。銷售的地點、對象或時間皆無限制。因此，**一旦某人真的完全栽入多層次傳銷系統，就沒有自由的空間和時間**。雖然號稱可以擁有自由，這種體制卻

主宰了一個人的全部生活，想成功也需要堅持這麼做。

　　觀察多層次傳銷現象，可以注意到這些人似乎是受到恐懼驅使，只是程度不同。在招攬的過程中，通常他們會預言其他商業模式即將崩垮，或其他職業欠缺機會。除了多層次傳銷，其他職業都無法提供永無止境的收入潛能，這簡直是一種侮辱。相較於美國企業的瓦解或不夠敏銳，多層次傳銷為美國經濟帶來終極的最佳希望。這些承諾要告知你，要找到真正的被動收入。

承諾七：自由

　　最後來說第七個承諾：若想擁有自己的事業，並達成真正的財務自由，多層次傳銷是最佳選項。

　　但多層次傳銷能否打造真正的個人企業？有人強烈反對，認為想靠多層次傳銷的經銷權致富，簡直如夢幻泡影。多家多層次傳銷公司會禁止經銷商攜帶其他公司的產品，大多數的多層次傳銷合約可輕易終止經銷權，公司也可立即執行。就算沒有終止，下線也可能被任意帶走。參與此道，需要嚴格堅守這個複製模式，不具有獨立性與個人性。多層次傳銷經銷商可能不被視為創業家，而是加入複雜組織的人，他們對這個組織幾乎毫無掌控權。

掌握多層次傳銷的成功祕訣

人脈網路行銷也稱為「直銷」或「多層次傳銷」，關於這個事業，你腦中可能存有些刻板印象，如家庭主婦一邊聊天，一邊吃著手抓三明治，同時買賣「特百惠公司」物品。或者，某個有業績壓力的業務，努力勸服你，說只要你和朋友及其友人願意買賣維他命，你即可成為百萬富翁。

這些畫面其實與人脈網路行銷的現實面相差不遠。它既非一種嗜好，也非致富方案，而是一種機會，由你兼職或全職營運自己的事業，從中賺錢。

但是要如何，才能在這項產業成功？文森‧凱爾賽（Vincent J. Kellsey）是「量子成功集團」（Quantum Success Group）的創辦人暨首席執行長，這是一家組織，為直銷產業裡的各種人士提供各類資源，提出以下七項成功祕訣：

1. 明智選定

關於挑選入場機會，以下有六項關鍵要素。第一項：穩定性。這家公司成立多久？第二，公司是否提供好的產品或服務，打中消費者的需求。

第三項是報酬。整體而言，這項事業有多麼平穩、公平合理、慷慨大方？這非常重要，因為獎酬計畫確切呈現你如何拿到報酬，或為什麼拿不到。其實僅需問兩個問題：對於每筆銷售的金額，經銷商每月可以從中拿回多少錢？在舊會員與新會員間，這些錢財的分布有多麼公平合理？

第四項則是公司及其管理階層的正直誠信度。要盡量調查公司執行長的資歷、在人脈行銷業裡的經驗和他們的背景。他們在業界其他公司是否也曾經獲致成功？是否聲譽良好？

第五項有關衝勁和時機。看看公司所在地、當前狀況，以及是否正在成長茁壯。

第六項則是支援、訓練和事業系統。你或許找到一家很棒的公司，有優秀的管理階層、與眾不同的產品、特別公平合理的報酬計畫，也非常大方、有衝勁和穩定性。但如果你沒有成效良好的系統，這些都起不了作用。大多數公司都採用一套可傳授的訓練系統，並從中提供指導。

2. 現學現賣

為求成功，你必須樂於聽從導師的話，向他們學習。這是打造這項專業的方法，基於公司老手的最佳利益，他們協助你，他們自己也會成功，所以便樂於將這項系統傳授給你。不論你的導師做了什麼而獲致成功，皆可仿效他們的經驗。但你必須樂意聽從、學習、遵循這些系統。

3. 留心你的上線

可能有很多的代稱，但通常「上線」（upline）指的是「居於上位的人」。他們能提供多少支援？是否打電話給你？是否協助你準備計畫？他們是否允諾，要讓你像他們一樣成功？你應當有辦法聯繫你的上線，也要能夠隨時找到他們，說你「需要援助」。在這家公司能從上線得到多少支援，這點非常重要。

4. 擔任領導人，統御你的下線

在這行業裡，有「孤兒」這一詞。某些人被帶入團體，而帶他們進來的人忙著再帶其他人入行，不願花時間教導訓練新人。你應當準備花至少 30 天時間，協助新人進入這項產業，訓練他們、支援他們，抓緊他們的手，直到他們有自信能夠獨立，放手一搏為止。其實你必須自問，自己是否樂意做這些事。有能力辦到嗎？這的確需要建立長期的關係，而非僅是帶入新人到這個事業裡，也不只是勇往直前就好。你要與人共事，協助他們開發人脈。

5. 上網

眾人使用網際網路，尤其是社群媒體，當作他們的主要行銷工具。你可以自行架設網站，利用自動回覆系統，一旦捕捉到任何蹤跡，自動回覆系統即可追蹤此人。要在業界獲致成功，「追蹤」正是其中一項絕佳關鍵。許多人會致電給這些感興趣的人，或由他們自行來電，表明很感興趣，但那時他們無法輕易追蹤。網路與社群媒體的自動化，可供進行更加一致的追蹤方法。網路的唯一缺點是，有人會利用網路寄出垃圾郵件。若真要坦白說，利用網路當作行銷工具，垃圾郵件最令人深感厭惡，不僅影響你的聲譽，也有損你與公司的聲譽。

6. 細心照料你的事業

這是一樁事業，正如你是在經營特許權或加盟店，你應要有一位會計師。你也要進行稅收核銷事宜，如同你在經營一家公司，所以，在一頭栽入前，務必自行做好研究，才可開始從中賺

錢。這將如何影響你的稅務？你的銷帳有哪些？身邊要成立一個支援團隊，這一點很重要。我會建議尋求律師協助，而這位律師懂得人脈網路行銷事宜，要能相當通曉所有相關法律，以及這些法律怎樣影響你的事業。還有一些會計師，專精於處理家庭式企業，特別是在直銷產業。

7. 暫時不要放棄正職

千萬不要放棄正職，除非你非常肯定這家公司能為你帶來源源不絕的收入。要確定你已對那家公司熟悉，知道公司很穩定，你所賺的收入等於或大於你目前正職收入，才可離職。

—— 達福林・史密斯（Delvin Smith），創業家媒體撰稿人

想法梳理

瞭解了所有承諾和相關駁斥，對於涉足多層次行銷，且讓我們以 3 項具體建議，為本章下結論。記住，確實有人透過人脈網路行銷賺到絕佳被動收入。此外，也有人變得極為富裕，你可能成為其中一員。你也可能像世界球王羅傑・費德勒（Roger Federer）那樣打網球，或像世紀男高音，帕華洛帝（Pavarott）一樣引吭高歌。或者你可能什麼也不是。不管怎樣，請將以下建議謹記在心。

第一，避開那種要求你招募更多經銷商，才可賺到佣金的報酬計畫。這表示該公司可能為非法老鼠會的警訊。公司應該強調，你能透過販售產品賺取收入，而非是你帶入多少新人。若有計畫宣稱，你可透過持續增加下線來賺錢，也就是指你招募了多少經銷商，那麼千萬要當心。

第二，如果公司要求新加入的經銷商要購買昂貴產品和行銷材料，務必要有所警覺。假如公司宣稱販售奇蹟似的產品，或允諾龐大盈利，請要求推廣人員佐證這些聲明。在「說明會」，或在任何充滿壓迫性的情況下，千萬別付錢或簽署任何合約。請堅持你要花時間思考再決定。請向家人、朋友、客戶或律師談論此事。

第三點也是最重要的一點：請務必做好功課！洽詢當地的法律機構，查核你正在考慮中的任何計畫，尤其是在某家公司把產品或潛在盈利說得天花亂墜，看似太過不真實時。切記，

不論產品有多好，或某個多層次傳銷計畫有多堅實穩健，你都必須投資勞力和金錢，以便讓你的投資產生回報。事實是，這項投資確實可能產生報酬，且收益相當可觀。但請務必當心，多層次傳銷其實是一種高風險的被動收入。

針對真正頗具爭議性的被動收入管道，本章提出高度警覺。這並非告訴你「多層次傳銷的被動收入成就難以達成」。大多數的人肯定會做到，但只有在你已預先調查，覺得風險報酬真的值得時，才有可能。下一章，我們將一探授權經營（Licensing）和經營權（Franchising）的可能性。有時也會導致爭議，但也已經為許多人帶來顯著的收入。如同多層次傳銷，一切全由你決定。

第 11 章

販售經營權，
成為加盟授權者

先前說過，如何透過授權智慧財產來創造被動收入，尤其是以網路內容的形式。在本章你將看到一種特殊類型的授權，稱為「加盟經營權」。對於加盟經營權，你很可能早就已經有些瞭解。過去 50 年來，加盟經營權是美國經濟體系裡的重大轉型，若你不懂，就已錯失這項機會。

舉個例子，麥當勞速食店的歷史不僅是故事，同時也是廣為流傳的傳說。1950 年代，雷克‧洛克（Ray Kroc）是一位奶昔機器的推銷業務，他前往加州河濱市旅行，想瞭解為何某家餐廳的奶昔生意如此興隆。他找到一家漢堡攤，客人不下車即可點餐，漢堡攤的主人正是麥當勞兄弟。這對兄弟實施完善的生產線來供應漢堡，讓洛克想到一個主意，而這個主意後來為美國人的生活方式產生重大影響。洛克與麥當勞兄弟達成交易，容許他在國內其他地方，開設獨資自有，但一模一樣餐廳。簡單明瞭，這即是「加盟經營權」的交易，而其餘部分則如眾人所述，已成為歷史。

雖然麥當勞的真實歷史比傳說還要稍微複雜，特許經營權的重要性毋庸置疑。雷克‧洛克後來成為美國一名首富，而「加盟經營權」概念成為美國商業裡的其中一項基石。故事輾轉流傳，而且幾乎總是從雷克‧洛克的視角，也就是從「加盟商」（franchisee）的觀點來看。可是，麥當勞兄弟後來怎樣了？他們是「加盟授權者」（franchisor）。基於被動收入，他們的角色，這才是我們的著眼點。

　　麥當勞兄弟後來的處境，說來很簡單。有一陣子，由於對方在全國使用了麥當勞的名稱和麥當勞「得來速」方式，他們收到使用權款項。最後，洛克自行創立的公司，向他們買斷這項權利。他們從這項交易獲利頗豐，當然自不待言。但如果他們沒被買斷權利，或許獲利更加龐大。不過，這又是另一項個別討論話題了。

　　重點在於，這種成功的特許經營權實例俯拾皆是。打從那時起，大家就企圖複製這類經驗。有時可以奏效，有時卻失敗。在本章末尾，你可清楚明白加盟經營權是什麼，以及如何用來產生被動收入。

加盟經營的基本法則

　　首先，先列出定義。加盟經營權是一種合約，由「加盟授權者」將名稱、商標或生意營業之道，授權給一個「加盟商」。以此易彼，加盟授權者收取反覆產生的款項，也就是被動收入。可用「定額年費」（flat annual fee）或「利潤比率」（percentage of profits）等形式，或兩者並行，以此支付這筆款項。有時在大型的加盟經營權營運企業裡，加盟授權者提供廣告宣傳、教育訓練和其他支援服務。反過來，加盟商必須提供精確的財務紀錄，也必須維持某種程度的營業標準。

加盟經營權在美國已存在百年以上。勝家縫紉機（Singer sewing machine）、可口可樂（Coca-Cola）經銷權、美國西聯電報（Western Union telegraph office）等，皆是早期的加盟經營權事業實例。汽車經銷店也是加盟經營權協議，締約雙方是汽車製造商與當地銷售者。不過，餐飲服務業才是經營權真正大行其道之處。最早的其中一項例子是「豪生國際酒店」（Howard Johnson's），它起初只是一個賣冰淇淋的流動攤販，後來日漸壯大，成為大型餐廳飯店加盟經營店始祖。

1935 年，霍華德‧迪陵‧強森（Howard Deering Johnson）與雷金納德‧斯普拉格（Reginald Sprague）建立了「豪生國際酒店」，成為第一間全套服務型餐廳加盟經營店。獨立的營運商可使用「豪生國際酒店」名稱、餐飲、供應物、標誌，甚至是建物設計，皆需要支付加盟金來換得。

在美國，加盟經營權日漸壯大，但並非毫無問題。如同多層次傳銷，有一些加盟授權者較為注重加盟店的規模，而非聚焦於對外出售的產品與服務。在某些情況裡，加盟授權者對加盟商做出不實陳述，或沒有提供重要資訊，也沒有後續的訓練和創新。由於這項原因，也因為數眾多的加盟經營事業都失敗了，所以開始落實執行法律補救辦法。

現今，加盟授權者被要求提供「售前資訊」（presale information）給潛在的加盟者。以前，與加盟經營權有關的問題，目前較不那麼氾濫了。況且，加盟經營權被視為是極具強

大效力的商業模式，不但在美國如此，全世界亦然。

在多加說明之前，有必要知道某項基本重點。若你要出售自己事業的授權或加盟經營權，其所導致的籌備安排不一定涉及被動收入。比方說，假如你授權某個電腦軟體，附帶義務是要定期升級軟體，你就得不停工作。股市投資僅需追蹤股票漲跌起伏就好，但加盟經營權與此不同。加盟經營權較像是不動產，或許你無法完全擺脫加盟經營權的日常營運，但就某個程度而言，當你能「創造被動收入」，你就有能力選擇將你的事業經營權授予他人。

如何打造能轉讓經營權的事業？

話雖如此，將你的事業授予加盟經營權給他人，可產生龐大優勢，這點無庸置疑。但在你展開加盟經營權授予流程前，必須先行判定，你的概念和營運系統能否供人經營。尤其你的事業應當達到以下幾點準則。

可靠性
首先，你的事業應有可靠性（credibility）。在潛在加盟商眼裡，你必須有責任感且功成名就。他們支付加盟金和權利金後，希望賺取足夠盈利，獲得充足的投資報酬率。如果證據顯

示他們無法獲利，就不會相信你的加盟經營權。

擁有獨特的銷售主張

第二，你的事業必須以某種吸引人的方式，顯得獨特。要有「獨特的銷售主張」（unique selling proposition, USP），不論是在產品與服務、行銷、降低投資成本或目標市場等方面，皆須與其他經銷權有充分區別。但這不一定是指你的事業，非得各方面都獨一無二不可。例如：百事可樂（Pepsi）與可口可樂（Coke）並非完全大相逕庭，而漢堡王（Burger King）與麥當勞（McDonald's）也沒有完全截然不同。僅需有足夠差異，讓顧客處於恰當位置，能夠做出選擇，也可讓加盟商影響顧客做出正確抉擇。

低度的進入障礙

第三，對於加盟商新手來說，你的系統和事業模式必須相當容易上手，在短時間內即可學會。有些事業是由父母傳給子女，歷經了好幾代。這些事業深具近乎自然特質，難以轉讓給另一位局外人。這不是那種可將經營權授予他人的事業類型，如果你是某企業創辦人，你的公司才剛成立幾年，倘若你把這間公司當成自己的「寶寶」，別想授予加盟經營權，因為沒有其他人會像你一樣，細心餵養你的寶寶、為寶寶洗澡，只會造成麻煩。簡而言之，你事業的基本原理必須能夠轉讓給他人，

而且你必須準備就緒，有意願和能力傳遞給別人。

適應性

你的事業結構必須可供轉讓，事業的實際現實面也不該僅能仰賴特定背景環境。你的概念必須能夠妥善適應許多地點，而你的產品或服務要受到廣泛需求。如釣龍蝦活動在各方面皆不適合授予加盟經營權，因為就是沒有這麼多地方可以養龍蝦。反之，有些最廣為人知的加盟經營權非常成功，正是因為其中的環境可供轉讓。

麥當勞事業很成功，其中真正的某項促發要素即是如此。在 1950 年代晚期，公路旅行與州際公路才剛成為美國人生活的主要常態。眾人遠比以往更加經常旅行，通常是與家人一起出門。他們開車在路上，想吃某些食物，若能找到一家餐廳，而且正好與自己家鄉的餐廳一模一樣，每個細節都精緻細膩，會讓人深感愉悅。至於這幾年來，星巴克咖啡（Starbucks）的創立也是基於相同因素。顧客前往街角的星巴克咖啡，點了一杯取有義大利名稱的經典飲料，而在國內的另一端，也能享用完全一樣的飲料。

就這個意義而言，星巴克咖啡與麥當勞同樣完美適合授予加盟經營權。這些東西千篇一律、均勻一致，或許有點可笑，卻也正是如此，讓這些店家賺進大把鈔票。

把自己的事業加盟經營權授予他人，這個主意肯定非常振

奮人心。授予加盟經營權，可讓經過實證的事業加乘倍增獲利潛力，擴至最大。如果有效運作，提供的被動收入，遠遠超過單一定點企業的收益。如果全都運作良好，你可以打造一個網路，其中的每家企業彼此結盟，卻又具有「半獨立」性質，而且，他們賣出的每份業務將能為你帶來被動收入。

不同於多層次傳銷，這個網路不是取決於招募愈來愈多下線經銷商。相反地，這項商業模式既簡單又傳統。只要出售產品或服務給顧客，人人皆可賺錢，包括你在內。

10 個創業家問題，解決加盟經營權的難題

將你的加盟經營權授予他人前，以下有 10 項基本問題：

1. **開始著手時，我可尋求哪些資源？**喬爾‧利巴瓦（Joel Libava）是美國克利夫蘭市某位專業的加盟經營權顧問，也是《成為加盟經營所有者！》（*Become a Franchise Owner!*）的作者，她建議你去找一家加盟經營權發展公司，或一位擅長幫人授予自己事業加盟經營的顧問。他們可以為你快速歸結基本原理，有些人可以為你配對潛在的加盟經營權事業，只要你準備就緒即可。然而，請切記，這些選項可能需要費用，每樣可能高達 50,000 美元到 10,000 美元。國際特許經營協會（International Franchise Association, IFA）是另一項明智首選，可以加快經營權的授予速度。這個組織提供免費或付費的網路

教育資源，非常豐富實用。

2. 所牽涉的創業費用大概是多少？利巴瓦說，初始費用範圍是 15,000 美元到 100,000 美元間，而且「若要每一步都做得正確，通常費用更高，主要是行銷、法律和營運方面的費用。把你的絕佳事業轉換為極好的加盟經營權，其中過程要價不斐，打從一開始就得明白這一點。如果想要成功，沒有時間可走捷徑。」

可想而見，要先付一大筆錢，並非意外，範圍從專業顧問費、加盟地點設計、建造和設備都有。然後還得為期初存貨和保險付出大筆費用。這份開銷清單有一長串項目。

3. 我該收取多少加盟金比率？向你的加盟商索討永久長期的加盟金費用，普遍是藉由這種方式，利用加盟經營權賺錢。與對方事先商定，從他們的銷售淨額抽成，通常是在 4% 到 6% 間，也有些加盟金費用高達 25%。利巴瓦說：「5% 是相當正常的加盟費索價，能讓對方有特權使用你的品牌與相關牽連的一切事務。」

至於加盟金款項的收取方式，通常是以每月為基準。你也可以向加盟商索討單次整付的經營權費用，通常範圍在 30,000 美元到 35,000 美元之間。這些費用涵蓋進入權成本（cost of entry），並購買授權，營運該項事業。若要進階發展交易且主宰加盟經營權，這些經營權費用可能超過 100,000 美元。

4. 我該主張要賺多少錢？這裡沒有所謂一體適用的數字。取決於你的加盟經營權事業有多成功，利潤率（profit margin）各不相同。然而，為了吊你胃口，利巴瓦提出以下假想，在餐飲業加盟經營連鎖鏈頂端，這種處境相當典型常見。他說：「如果我是一個加盟授權者，旗下有 500 個加盟商，各有自己的店面，而且假如每家店每年賺得 500,000 美元的銷售總額，若我每年向每個加盟商收取 5%的銷售總額，我每年賺到的錢就是『25,000 美元乘以 500』。金額迅速激增，這筆錢總計是 1,250 萬美元，獲利相當可觀。」

5. 我必須瞭解哪些基本的法律考量？特許經營權充斥著複雜的法律問題。最好向資深且專門的律師尋求諮詢。重要的是，也要注意相關的登記註冊規定，你必須遵循這些規定，才可合法授予他人加盟經營權。

6.「加盟連鎖訊息公開文件」是什麼？為何我必須備有這份文件？在美國，根據聯邦貿易委員會（FTC）* 命令，在合夥前至少 14 天，所有的加盟授權者必須提供一份「加盟連鎖訊息公開文件」（Franchise Disclosure Document, FDD）給潛在的加盟商。這是一份複雜的法律文件，分成 23 節，有時超過數百頁，最好由律師來完成這份文件。

---

* 在台灣可參考 TCFA 台灣連鎖暨加盟協會。

這份文件會向加盟商說明公司的歷史和財務狀況、有關
你的加盟經營權系統各詳情（商標、專利、版權等），也
有關特定的協議和合約，並要求加盟商簽字同意。

編製一份「加盟連鎖訊息公開文件」，通常需要花費
10,000 美元到 35,000 美元，旨在協助加盟商，在考慮
是否要投資你的加盟經營權時，能夠盡量做出最充分的
知情決定。

7. 我如何能夠吸引潛在的加盟商？其中一項最佳方式，是
在公司的各式行銷資料裡，以及在你的網站上，清楚說
明假如他們投資你的品牌，可獲得什麼優勢。為了進一
步說出你的加盟經營權機會，在諸如「國際特許經營博
覽會」（International Franchise Expo, IFE）之類的加盟
經營權產業貿易展覽會裡，你也會想要設立攤位，或許
也會出席現場。

你也可以考慮與某位加盟經營代理人（Franchise
Broker）締結合約，引領你產生加盟經營權。「加盟經營
集團公司」（iFranchise Group）是一家加盟經營權諮詢
服務公司，位於美國伊利諾伊州霍姆伍德市，創辦人暨
首席執行長是馬克·賽伯特（Mark Siebert）說：「如果
這些代理人完成比對，進而導致某項銷售交易，所需支
付給他們的服務費預計是 10,000 美元到 15,000 美元。」

8. 我應該如何篩選潛在加盟商？利巴瓦說：「看到新的加盟

者願意拿出一張 30,000 美元支票，真的讓人很難拒絕。不過，千萬要相當小心謹慎。你必須親自面談，深入瞭解他們，確認他們沒有言詞閃爍或表裡不一。

為了進一步建立信任，並提前淘汰壞蛋，利巴瓦也建議，要查核所有潛在加盟商的背景和信用。密切注意例如過往的訴訟史、詐欺指控、定罪判決或破產宣告等。

9. 一開始，我應該開設多少連鎖加盟地點？關於這一點，你有兩種選擇：

- 你可以選擇「單店授權體系結構」（single-unit franchise），亦即「直接加盟經營結構」（direct-unit franchise），可允許加盟商在一個固定地點運行加盟經營權。

- 你可以提供多家店面籌畫給加盟商，讓他們能夠在多重地點運行加盟經營權。

利巴瓦和賽伯特建議，加盟授權者新手可嘗試「單店授權體系結構」的營運。若你首次加盟經營權成果賺到足夠利潤，使其成為非常值得從事的商業冒險，且相關的辛勞工作讓你覺得上手，直到這時，你才可以考慮擴編。

10. 要避免哪些常見的新手錯誤？利巴瓦說，若僅諮詢一位加盟經營權律師，卻沒向某家加盟經營權開發公司或顧問尋求額外建議，這是他見過最糟糕的錯誤。他說：「人人皆想省錢，但長期下來，其實卻會讓你付出更大代

價，有時候還會牽連到你的整體營運。」

若你立即將事業轉為加盟經營加盟，卻無事先開設第二
個示範試營運地點，這是另一項常見的粗心大錯。他說：
「那是你的原型地點，能藉此探知，加盟是否打從一開始
就可行。」

必須先安排妥當

在你甚至能夠開始思考釋出加盟經營權前，要先讓某些事
情各就各位。首先，你自己的事業必須確立已久、非常成功。
公司的基底要非常堅實穩健，不是僅有今年如此，而是絕大
部分的歷年沿革皆是如此。再者，授予特許經營權值得花費金
錢、時間和精力，擴展你的事業，本來就非常振奮人心。這不
僅能創造更多財富，並增加獲利力。但如果你只關注這些，比
起招攬新的夥伴，或許資遣員工對你可能更具獲利性。

仔細思考這些議題，同時留意腦袋浮現哪些問題。此時，
你的事業看起來可能適合進行加盟經營。但即使你的事業尚未
準備就緒，此時暫且無法躍入加盟經營權的範疇，目前你還有
事情可做，可於將來某個時候準備好釋出加盟經營。

檢視你的投資報酬率

比方說，我們已經提過，持續的投資報酬率非常重要。關於加盟經營權的成敗，獲利總是決定因素。加盟經營權投資人冒險把錢投入某個商業，是希望獲得保證的回報，或盡可能近似保證的事。這就是為什麼，他們願意支付 100,000 美元的加盟金或更多錢。以此易彼，加盟經營權投資人預期想有 20％的年度收益並非不尋常。他們期盼見到確鑿的理由，再預估報酬率。

穩固你的系統

你還必須備妥營運系統，這套系統要經過實證，且用文件妥善記錄。有效運行加盟經營權，效率是箇中關鍵。成功授予加盟經營權的事業皆會微調操作程序，且以實用又全面性的操作手冊來輔助。加盟經營權投資人不想自行找出運作方式，會覺得多此一舉，白費力氣。

測試多重地點

另外，在你決定冒險投入加盟經營權的世界前，也要先行在多處地點開設你的事業。從中學到教訓，預先看出全面進行加盟經營權時，會遭遇何事。你也會開始明瞭，哪一些地點擁有最佳潛力，未來可供使用。更重要的是，有了多重地點，可向潛在投資人展現你的事業概念是可轉移的，也有能力在不止

一個市場中繁榮興盛。

建立你的團隊

　　培訓關鍵核心員工，是另一種基本要事。遠在你下決定將你的事業授予加盟經銷權前，你應當備置堅強陣容，由他們全面掌握一切工作。這些員工應能深入理解你事業的運作系統，也要有能力向別人傳達他們的知識。你可能要辨識出傑出員工，請他們製作營運手冊，以供未來的加盟經營權使用。這項專案極為有用，可提供豐富資訊。縱使實際上，你還需要一段時間才會釋出加盟經營權。

　　把這些全部記住後，我們來看看三家企業的負責人，他們正在考慮賣出加盟經營權。一邊閱讀他們的故事，一邊自問：他們的公司是否看起來有良好的展望。更具體的是，問問自己，是否想要成為這些加盟經營權的其中一員。如果答案為「否」，要依序做出什麼改變，才可讓你的「否」變成「是」。

莉娜（Lena）的故事

　　自青少年時期開始，我總是在餐廳工作。一開始當服務生，後來我開始花更多時間在廚房工作。最後我成為一名主廚，曾任職於不少高端企業。但對於各個不同層面的食品準

備，我總是深感著迷。直到現在，只要一想到開立一間專賣各式各樣的花生醬三明治的店，依然覺得這是好主意。如果你不同意，請先研究美國人每年吃掉多少花生醬，你可能就會想偷我的點子了。

比起製作花生醬三明治，我後來對一個看似更加平凡單調的想法更有興趣。有天我在家裡，一時心血來潮，用一般烤箱烤了三明治，然後再包裝起來。我開始試驗許多製作方式，換句話說，如果你想做一個煎起司蕃茄三明治，僅需把已包好的吐司放進烤箱加熱，你不必再自己動手做。這可省下許多時間，因為你也無法用微波爐製作烤起司三明治、煎烤鮪魚起司吐司或培根生菜番茄三明治。無論如何，這是我學到的做法，然後我決定試試看。我家附近有個大型藝術市集，我在那裡擺攤，在一天內就賣出 100 包以上。我知道自己的直覺很準確。

根據經驗，我知道如何說服小型店舖和餐廳的負責人，我也知道哪幾家可以運輸這項產品。所以，我開始賣這些東西給家鄉的幾家店面，尤其是那些生意興旺的午餐店，賣給那些匆忙的顧客。我還知道好好展示商品的重要性，於是我教這些店面，如何以吸引人的方式展示產品。最後，由於我具有餐廳工作的背景，我知道有些較為小型的店面付款較慢。所以我把目標鎖定可以準時付款的店家，為求撐過創業早期，這一點至關重要。

一年後，我的長期往來客戶已超過 100 家，他們出售我的

套裝餐點。但銷售量最高的卻不是那些已成熟發展的餐廳。購物中心和其他公開場合的小攤販或手推車反而有最佳銷量。事實上，有些長期往來的客戶認真考慮單賣我的產品，不賣其他物品。在午餐時間，人潮隊伍很長，而這些人只想買煎烤三明治裹腹。

那時我的腦海首次浮現加盟經營權的可能性。後來我生了第二個小孩，我更加認真思考這項可能性。我的產品已經販售大約兩年，而需求量依舊強勁。事實上，我最重要的當務之急反而是要發想更多的系列產品。但我也想多花時間與家人相處，所以，加盟經營權這項可能性開始日益成形。

莉娜的事業似乎是理想的加盟經營權選項。經過一段漫長時間與多種地點，這項概念已經自我證明可行。且所牽涉的成本相當少，萬一某個定點無法奏效，她的退場策略也很簡單。要取得這項套裝餐點製作流程的專有權，可能有點麻煩。假如這項事業一如目前那樣成功，不久後，競爭對手將會開始出現，尤其是一旦大家瞭解這項流程看起來其實相當容易時。問題在於，企業負責人應該請教律師。因為潛在夥伴肯定會這樣要求。

安娜（Anna）的故事

在我的成長過程中，我一直喜愛馬匹。我從未有能力擁有自己的馬匹，但父母為我註冊騎術學院，我在那裡度過許多時光。我對馬匹知之甚詳，宛如這些馬匹簡直專屬於我。我也喜愛畫馬，或閱讀馬匹相關書籍，也會看相關電影。我還結交同道中人為友。

大學畢業後，我在某間中學任教。而我注意到，有一些女孩子跟我一樣熱愛馬。我在課堂講述，她們就坐在位置上，畫著馬匹。令人訝異的是，這些女孩學習成效一向良好，就像我以前一樣。這真的是一種非常獨特的個性類型。

與此同時，我對馬匹的興趣絲毫未減。週末我與一位頂尖訓練師一起工作，她是某家騎術學院的負責人，很像我少女時代經常去的那間騎術學院。從她身上，我學會各方面事務，知道如何經營極為傑出的馬場。

我與這名訓練師共事幾年後，我決定成立自己的事業。我專精於訓練青少年和青春期前的兒童，教他們騎上馬匹，達到競賽水準。這件事牽涉大筆財力投資，要訓練馬匹、培訓兒童騎馬，不是光靠馬場就能做到，除非你的馬場夠大。為了能瞭解經營，閒暇之際，我註冊就讀商學院。多虧有了企業創業課程老師的幫忙，我擬定了一份初步的企業計畫。根據這項計畫與我的紮實背景，我能夠買下某間設施，倍感振奮。這個地方

需要整修，卻深具潛力。

這項事業很快占據我的生活，確實如此。與所有老主顧建立往來關係，這點倒不困難，但有時我覺得應接不暇。我必須處理行政事宜、財務管理和行銷事務，以及核心業務。這牽涉到大量文書工作，而我毫無心理準備，尤其是在管理員工相關這方面。雖然如此，我有客源，這件事從不讓我擔心。很多兒童對騎馬深感興趣，但能讓他們發洩興趣的管道卻非常少。

最近，我有個想法，試圖為我的騎術學院建立品牌，或建立加盟經營權，就如同其他人開設健康俱樂部和健身房一樣。很顯然，在特定城市裡，能有的騎術學院數目就是這麼多。但我認為，在全國各地皆可設立馬場，對馬有興趣的兒童可以前來馬場。我尚未細查任何詳情，但是只要想到以這種方式拓展事業，看起來肯定很有趣。

遺憾的是，這項事業恰好對比了上一篇的套裝餐點故事。實在很難想到，有哪項企業比騎術學院更加勞動密集、高額投資且需要高度維護。如同企業主所述，有廣大客群等著享用這些服務，但提供這項服務的開銷甚大。此處還得考慮其他問題，而一般的零售事業並不存在這些問題。

加盟商須負擔重大的保費成本，並有鑑於此，還得找到高度受訓過的適任員工，這也很重要。一切絕非易事，花費並不便宜。總而言之，這項事業聽起來像是企業主出於愛好而做的

工作，但出於愛好的事情無法輕易轉移到多重地點，而且就連馬匹也不行。

威爾（Will）的故事

大多數創業人士都是創意人才，他們的風險容忍度相當高，雖然不一定是夢想家，但確實很愛想像。若要他們耗盡餘生只做一件事，一想到這一點，他們就覺得很不自在，就算那件事可能帶給他們財務保障。他們對自由較感興趣，而非安全保障。

對於這些人而言，會計事務並不那麼吸引人。他們知道，創業後必須與會計師密切聯繫，但僅知如此而已，沒有想過要認真思考這件事。他們喜歡把焦點放在行銷或開發自己的產品，想請別人看管數字。

身為註冊會計師（CPA），我有自己的小型事務所，我做了一些研究，看到大多數會計師提供相同的基本套件，像是稅務規畫與工資發放服務。我們提供的服務也算是鄰近區域裡最棒的，我深感自信。雖然如此，市場情勢日益艱困，我想要有競爭優勢。於是兩年前，我推出一套專家式小企業發展服務，目標客群是創業家。這項新服務確實增進了我們的每位顧客獲利率（profitability per customer），也提高了我們的業務量。

我與潛在客戶對談，發現許多新的企業負責人都需要專業化的協助，但他們不知道要找誰，也不確定誰可以信任。只要有人形容自己是一般企業顧問，這些企業負責人容易變得小心謹慎。他們認為，這位會計師有不少大型客戶，而自己只不過是小公司，容易被忽略，也得不到任何專屬注意力。藉由聽取反饋，我們發現有某個市場，可供信賴可靠的企業開發服務。我們也研究競爭對手，發現在我們的領域裡，沒有任何其他實務作法提供類似服務。

在推出我們的企業開發分支機構時，事實上我們已經有 5 間辦公室可用，這是一項優勢。我們大到足以讓人信賴，卻又不會過大。所有的多角化經營策略都略帶風險，這點確實沒錯，但我們想要限定這項專案所需投入的資源，藉此將風險降至最低。我們做到了且非常成功，也學到不少事情。若要我再進行一次，我會採用更為大膽的作法。比方說，舉辦某種形式的新品上市會，可當作良好起始點，發起新的行銷攻勢。

我不需要重頭開始，算是很幸運，但也有點遺憾。不過，我們一直在想，要順著美國稅務公司「HR 布洛克服務公司」（H&R Block）的路線，建立會計服務加盟經營權。目標受眾是自由工作者、新創公司與小企業的負責人。我認為這個點子有許多潛力。

這看似絕佳的加盟經營權可能性，已辨認出目標客群，而

負責人清楚理解顧客到底想要什麼。另外，這家公司在多重地點證明自己的存在性，初始成本可以降得很低，端視辦公處的地點而定。HR 布洛克服務公司是絕佳對照。事實上，若有可能被大公司收購，也會是很大的有利面。HR 布洛克服務公司很久以前就被西爾斯公司（Sears）買下，而這樣的事實可以創造出振奮人心的假定處境，可能用於加盟經營權。

加盟經營權的九大優勢

對於大多數踏入加盟經營權領域的公司而言，主要優勢在於資本、成長速度、激勵式管理、風險降低，但還有許多其他的原因。

1. 缺乏資本

缺乏資本取用管道，這是現今小型企業最常見到的「擴張障礙」（barrier to expansion），甚至早在 2008 年到 2009 年，信貸緊縮時期和繼而發生的新常規前，創業家時常發現，他們的成長目標超過自己的籌款能力。

加盟經營權就像替代性的資本取得形式，具有某些優勢。大多數創業家轉為加盟經營權形式，主要原因是加盟經營權容許他們擴張事業，卻無負債風險或股本成本（cost of equity）。首先，既然加盟商提供全部所需資本，開設店面且自行營運，加盟經營權容許公司利用他人資源來成長茁壯。藉由使用其他人的錢，加盟授權者可以大幅成長，不受債務拘束。

　　此外，既然加盟商（而非加盟授權者）簽署了這份租契，承諾各式各樣的合約，加盟經營權容許擴張，幾乎沒有任何「或有負債」（Contingent Liability），因此大為降低加盟授權者方面的風險。也就是說，身為加盟授權者，你所需用來擴張事業的資本不但更為減少，而且在開發你的加盟經營事業時，你的風險也大幅限制在你所投資的資本額內，這項金額通常少於開設另一家公司直營據點的成本。

2. 激勵式管理

　　許多創業家想要擴張事業，卻面臨到另一個絆腳石，也就是不容易找到並留住優秀的店面經理。經常發生一個企業負責人耗費好幾個月時間，找尋新的經理，並提供培訓，到頭來對方卻離開的處境，或更糟的是，被競爭對手挖角搶走。一個受雇的經理僅是員工，對於工作可能真誠投入心力，也可能不會。因此，要遠距監督他們的工作是很大的考驗。

　　但加盟經營權是以店家老闆來取代經理，容許企業負責人克服這些問題。若一個人僅是在物質上投資於店面經營的成就，沒有任何人比此人更加受到激勵了。你的加盟商必須是一個老闆，通常他們砸下畢生積蓄，投資到這項事業裡。而他們拿到的報酬大多來自獲利。

　　綜合這些因素，對於店面層級的績效，將會產生幾項正面效果：

- 長期的承諾投入：既然已投資這項加盟，他們很難拋下自己的事業。

- 較佳品質管理：你的加盟商是長期管理者，將會持續學習這項事業，也更有可能針對你的事業來充實自己的學術知識，讓自己成為更棒的經營者，因為他們可能耗費人生好幾年時間在這份事業上，甚至是數十年。

- 營運品質改善：雖然沒有特定研究測量這個變項，但加盟經營權營運者可以自己當老闆，對此感極為到自豪。他們會把店面地點保持得更乾淨，把員工培訓得更好，因為他們是這項事業的老闆，不是經理。

- 創新：因為他們對事業成敗有利害關係，加盟商總是尋求機會改善自己的事業，而大多數經理通常不具有這項特性。

- 加盟商通常過度管理經理人：加盟商也會緊盯開銷，在勞動成本、偷竊（可能小偷是員工或顧客）與任何其他分項開銷方面，皆會精打細算，降低支出。

- 加盟商通常績效優於經理人：這些年來，學術研究和軼事資訊已經證實，只要一提到收益，加盟商的績效表現優於經理人。根據我們的經驗，這種績效改善非常顯著，通常是在 10％到 30％的區間。

3. 成長速度

我見過的每位創業家皆有自行開發極為創新的事物，他們看到相同夢魘反覆出現：其他人也有相似概念，比他們提早一步打入市場，擊潰他們。而通常這些恐懼是基於現實面。

問題在於，開設一家店面需要花費時間。對於某些創業家來說，加盟經營權可能是唯一方式，以確保在競爭對手蠶食鯨吞他們的空間前，先奪取市場領導地位，而加盟經營權正好可以執行大多數任務。加盟經營權不僅容許加盟授權者進行財務槓桿，也可槓桿人力資源。加盟經營權容許公司與較大型的企業相互競爭，趁大型企業尚未來得及反應，提前滲透市場。

4. 人事方面的借力使力

透過加盟經營權，加盟商以更加精實的組織，有效發揮功能。既然加盟商認定許多責任是由總公司另行承擔，加盟商可以借力使力，減少整體人事。

5. 輕鬆督導

從經營管理觀點來看，加盟經營權也提供其他優勢。舉個例子，加盟授權者負責個別加盟店的日常管理。在微觀層面上，如果某個領班或團隊成員半夜打電話請病假，他們是打電話給你的加盟商要求請假，而不是打給你。加盟商有責任找到職務代理人或代班工作。況且，假如他們選擇支付的薪資不符職場標準，可能雇用親戚朋友；他們也可能花錢進行無謂或瑣碎的採購。這些都不會衝擊你或你的財務收益。加盟經營權消除了這些方面的責任，容許你把氣力直接導向改善大局。

6. 獲利增加

上面提到人事方面的借力使力以及輕鬆督導，容許加盟經營權組織以高度獲利方式來營運。既然加盟授權者是由加盟商決

定採行挑選地點、租約協商、當地行銷、聘僱、培訓、會計、發薪和其他人力資源功能（項目太多，僅列出幾項），加盟授權者的組織通常較為精實，通常也較能發揮組織的槓桿作用，以小博大，因為已經準備就緒，支援公司運作。所以，最終結果即是特許經營權組織可以較具獲利性。

可惜的是，這項論點很難以量化或證實。我們最多僅知，過去 10 年來已有研究顯示：在 2001 年和 2002 年，排名前四分之一的加盟授權者最多盈利平均數分別是 40％與 45.6％。你能想到有多少產業，其中的淨收入也差不多可能落入這個範圍？

7. 改善評價

結合了快速成長、獲利增加、增進組織的槓桿作用，全都有助促成這項事實：比起其他企業，加盟授權者通常被視為價值較高的連鎖店。所以，一旦出售事業時機已到，此時你是一個成功的加盟授權者，這項事實已建立可供擴增的商務系統成長模式，肯定能成為一項優勢。2012 年，《連鎖店時代雜誌》（*Franchise Times*）追蹤許多加盟授權者，「特許經營集團公司」針對標普 500 指數（S&P 500）與這些加盟授權者的估定價值進行比較，發現加盟經營權公司的平均本益比（P/E ratio，亦稱「市盈率」）是 26.5，而標普 500 指數的平均本益比是 16.7。

這代表了比標普 500 指數多出高達 59％的溢酬。再者，經過調查，有超過三分之二的加盟授權者打敗了標普的比率。

8. 滲透二級和三級市場

加盟商有能力改善單位層級的財務績效，牽涉到某些重大的可能後果。比起在相似地點擔任經理，典型的加盟商不僅能夠產生較高的收益，還可密切注意開銷費用。再者，由於加盟商自有的成本結構可能與加盟授權者大不相同，譬如可能支付較低薪資、不提供相同的福利套件等，即使必須扣除所需支付給你的權利金，加盟商營運的店面單位通常更具獲利性。

身為加盟授權者，這可以給你彈性，考量在哪些市場的公司收益可能是邊際性的。當然，如果你認為某個市場無法為加盟商帶來強烈的成功可能性，你絕對不會想考慮這個市場。但除了加盟經營權，如果你的策略還牽涉到開發公司單位，你很可能發現，自己的資本發展預算有限，無法容許你盡如人意而開設多家店面。不過，另一方面，在你的優先開發清單上，有些市場並非名列前幾名，卻有可能在這些市場裡成功開設加盟經營權，進行營運。

9. 風險降低

就其本質而言，加盟經營權也可為加盟授權者降低風險。除非你選擇以不同方式構築（但很少人這樣做），加盟商全權負責這項加盟經營權營運裡的投資、支付任何擴建費用、購買任何存貨、雇用任何員工，也需負責籌措所需的任何營運資金（working capital），以建構這項事業。

至於設備、汽車和實體地點的租賃，也是由加盟商來執行；對於店面本身裡面發生的事，加盟商也需負起法律責任。所以你可大幅避開員工訴訟方面的任何法律責任，如性騷擾、年齡

歧視、美國平等就業機會委員會（EEOC）案例，或是顧客提訟（如熱咖啡潑到顧客大腿），或者在你的加盟經營權方面發生意外，譬如有人滑倒、雇主的招待等。

此外，你的律師和其他顧問也很有可能建議你，創造新的法律實體，以此擔任加盟授權者。如此可以進一步限制你的曝光度。況且，既然成為加盟授權者的成本通常低於開設另一家據點（或進入另一個市場）的成本，你的創業風險可大幅降低。

結合了這些因素，可讓你大量降低風險。加盟授權者可以擴展數百家或甚至數千家店面，資本額不須太多，也不必花費任何自有的資本來進行店面拓展。

——馬克・賽伯特（Mark Siebert），
《事業加盟經營權授予》（*Franchise Your Business*）和
《經營權指南》（*The Franchisee Handbook*）作者

想法梳理

如果你開始著手授予加盟經營權，很快就會學到，你已經踏入新的企業，連同這件事過程所含的全部可能性和挑戰。不管你事業的確切本質如何，你必須擔任至少兩種角色：銷售這些加盟經營權，然後為這些加盟經營權提供服務。

在這兩種角色裡，要確保你的加盟商能夠成功，這點更為重要。所以請務必確認你已準備就緒。務必意識到，加盟經營權持有人較像是夥伴或股東，而非員工。他們可為你帶來大量的被動收入，但是就你這一邊而言，絕非完全被動。如同我們所說過的，加盟經營權較像是不動產投資，較不像是把錢投入股市。

這也有點像園藝工作。你想讓自己授予的加盟經營權成長茁壯，方式正如其他人栽種玫瑰一般。一旦確定自己的事業已經準備好授予加盟經營權，成功關鍵在於要讓其成功發展。若無這些，沒有任何加盟經營權系統可以延續下去。有了這些，你可能成為下一家麥當勞店家，或者經營漢堡王也可以。

第 12 章

遺產，也是種
被動收入

　　現在，我們要來看看，你如何創造被動收入，成為遺產。何謂遺產？這裡指的是持續存留到未來的收入。這條路徑延伸至我們地圖邊緣外，進入未來範疇。遵循此路，你現正賺取的收入將會持續不斷，縱使你不再有辦法出力貢獻。

　　如果聽起來不怎麼歡樂，請忍耐一下，繼續閱讀。本章所含題材極為重要。大多數達成財務成就的人認真投入注意力，想知道如何讓這項成就永續長存。而在本章裡，我們探討能實現以上想法的最佳方式。有一些非常成功的投資人，聲稱不會留下遺產給後代，或至少不是留下銀行存款，這真是奇妙。對這些人來說，給繼承人最棒的禮物，就是讓繼承人有機會重頭開始，即使不是完全白手起家，也相去不遠。

　　股神華巴菲特是提倡這項信念，最廣為人知的代表。他是股市投資操作大亨，也是世界億萬富豪之一。巴菲特長期擁戴低稅，但有一項例外。他贊成課徵百分之百的繼承稅（inheritance tax）。如此一來，人人皆可處於相同級別的競技場，展開人生，不論此人的父母和祖父母可能做了什麼。至少就理論而言，這可以確保人人都靠努力過活，裨益整體社會。

　　事實上，關於巴菲特到底想要實行至何種程度，各方眾說紛紜。他可能不贊同完全排除遺產繼承，但他確實想要設下界限。他常說，富裕父母應留給子女足夠的錢，讓子女做想要的事，而非金額少得可憐，讓他們想做什麼都不行。他已經發誓要捐 310 億美元的遺產給「比爾及梅琳達・蓋茲基金會」（Bill

and Melinda Gates Foundation），這筆巨款將永遠遠離他們家
族，還將捐贈另一筆 60 億給其他慈善基金會。由於巴菲特和
「財務遺產」這項概念，眾人展開基本辯論。是該限制遺產，
不要寵壞繼承人？還是應該讓他們繼承財富，以此當作根基？
到底怎麼做較好？

贈予遺產的計畫

絕大多數年約 45 歲以上的有錢美國人打算留下遺產給家
人，雖然如此，每 4 個人中，就有一人尚未有任何規畫。許多
文獻指出，戰後嬰兒潮世代最後將會遺贈 41 兆美元的財富。
這種財富轉移終究會發生，但可能不會流向戰後嬰兒潮父母意
欲之處。這些錢反而可能流向國稅局。除非花更多注意力，規
畫替代方案，否則情況就是如此。諷刺的是，有 70％的人打算
留下財務遺產，卻表明他們最擔心遺產稅（estate tax）的衝擊。

至於在沒有任何規畫的人中，有三分之二都說：「我打算
這麼做，只是尚未去做而已。」為何沒有遺產計畫，或甚至沒
有預立遺囑，主要原因很簡單：拖延成性；或許用「懶惰」這
一詞更好，或說「否認現實」也行。令人訝異的是，沒有規畫
的第二項原因是「我的遺產太少」，縱使根據某份研究顯示，
國人的平均淨值近兩百萬美元。

然而，大多數人肯定需要遺產規畫，尤其是若有意願延續被動收入給後代。通常，隨著年紀漸增，你已取得的資產愈多，情況就愈顯複雜。若無遺產計畫，關於你的資產流向等最私人的決定，可能會交由其他人判定。由於狀況不明，你的繼承人也可能面臨相關衍生的法律障礙與稅務負擔，遑論引發某些家族紛爭了。

慈善捐贈和贈與稅的角色

關於慈善捐贈，不少研究也發現一些意外結果。45 歲以上的有錢美國人，一旦被問及是否會把全部或部分的遺產留給慈善團體、大專院校或非營利組織，僅有 10％的人說可能這樣做。其中有 56％的人根本不可能留任何東西給慈善機構，因為不相信自己的錢會被妥善花費。其他人僅是無法想到有任何可以捐錢組織，而有絕大多數人反而想把遺產留給子女。

從遺產的角度來看，請務必重視慈善捐贈，原因有幾點。首先，遺產當然可讓一般生活品質產生正面差異，但如果捐給慈善機構，也可降低所需支付的遺產稅額。這項稅賦的規模大小自然會影響遺產稅餘額大小。然而，45 歲以上的人若留下遺產，有將近四分之三的財產會被課徵遺產稅。事實上，在這個年齡群裡，有 80％的有錢美國人認為應該完全消除遺產稅。

除了慈善捐贈外，在遺產規畫裡，另一項未被充分利用的要素則是贈與稅（gift tax）條文規定。雖然大多數人對這類性質事務有模模糊糊的印象，但其實僅有不到三分之一的人善加利用這個要素。然而，在那些尚未覺察或尚未贈與的人中，有 59％的人說他們未來可能這麼做。關於全方位的遺產規畫，他們僅是口頭上說說。他們打算去做，但就是無法實際著手進行。換個角度來說，他們可能以為自己長生不老吧！

遺產也是被動收入的來源之一

通常，在絕大多數人之間，遺產問題可能成為「魔術思維」工具。焦點不再僅是多少錢，而是在於有力量、影響力和人生本身的延續。如同本書先前所述，被動收入的力量即是有能力打造有時間和自由的財富，多虧有了被動收入，你不必主動出賣時間換取金錢。

所以，人們認為繼承人會怎樣利用這筆錢？大多數預計要留下遺產的人，認為遺產可為子女的未來提供緩衝；基本上，這並非必要，但擁有遺產，會有不錯的感覺。相較之下，大多數可能接收遺產的人相信，這些錢肯定有助於繳付他們的日常開銷，或可供資助自己最終的養老生活。

收到遺產，其實鮮少導致揮霍無度的行為或怠惰度日，這

一點恰好與許多的遺產贈與者想法相反。僅有 5% 的遺產預期受贈者覺得千載難逢，打算來一次大肆揮霍或懶得奮力工作。**至於已經收到錢的人，絕大多數並未輕率對待這筆錢**。最常見的遺產用途包括：繳付子女教育費、面臨高漲物價也能維持生活，或創造出新的遺產，可以輪替傳承給下一代。

超過半數 45 歲以上的有錢美國人，在人生某個時機點就已經收到某份遺產，這點很有意思。至於失去雙親之一或父母雙亡的人，大約半數都已從父母那裡收到某項繼承物。每 3 人之中，就有 1 人已從親戚收過某份繼承的遺產，而非從父母那裡；而有些人依然等著繼承遺產。至於那些雙親健在或雙親之一尚存於世的人，每 10 人之中，就有 7 人預期收到遺產。每個世代對遺產各有不同看法，意義也會隨著時間而改變，以下是傑克分享的故事：

16 歲那年，我加入軍隊。我謊稱已經滿 17 歲，就這樣入伍了。那時正值第二次世界大戰開始不久，軍方沒問太多問題。戰爭結束後，我發現這個國家已經改變很多，不再是我以前成長過程，經濟大蕭條時期。而我必須說，經濟狀況比以往好很多。由於我曾在軍隊服役，我能夠免費上大學。後來還獲得購買第一間房子的貸款，條件非常優惠。我沒從父母那繼承任何東西，確實如此，但我卻從山姆大叔（Uncle Sam，指美國或美國政府）得到不同類型的繼承物。現今，人人更容易得到

遺產了，每當我想起這一點，就會心存感激。在許多方面，這些事更容易了。眾人不需要如 1930 年代那樣排隊領湯，不過，在子女教育等方面，眾人也不再享有政府的免學費優惠。

從傑克的故事可以看出，時代已經改變，而我們大多數人面臨退休問題時，不再僅靠政府方案或固有的年金計畫。愈來愈多人尋求親人遺產，幫助減輕自己摯愛之人的負擔，因為他們也老了，經濟狀況不太穩定。不論你的遺產計畫是什麼，這是一個很難應付的主題。是否留下，或收受某項遺產，若是提起諸如此類的話題，可能引發家人間的情緒；但大多數人都一致認同，這項話題非常重要。

研究顯示，若有人確實與父母討論遺產規畫，幾乎每個人都覺得這是正向經驗，因為所有人都很樂於明白父母的意圖，即使意見不一定相同。另一方面，對於討論此事，有很大比例的老人家感覺不舒服。他們有一些理由，像是「我不希望任何人依賴這筆錢」、「我要讓繼承人大感驚喜」或「我打算等我更老的時候再談」。

但諸如此類的理由，僅是不同版本的拖延或否認。為了跳脫框架而思考，針對創造被動收入遺產，我們來看看某些實際面的議題。這個問題很複雜，卻非常重要，而幸運的是，有些解決辦法出人意料地簡單。

打造你的被動收入遺產

　　無論你對這項議題的立場是什麼，仍有許多事需要考量。隨著你的收入增長，你應該認真思考，是否想使這份被動收入永續長存？要如何做？你必須為自己的錢備妥一份計畫，或必須要有幾項計畫，以便計畫目前狀況、不久的將來和長期的未來，這是無庸置疑的。

　　第一次開始思考這件事，可能令人望之生畏。但財務規畫不一定很艱難。一開始，請先自問 4 個問題。不只問一次，而是一年至少兩次，因為你可能發現，你的答案會改變。以下是這 4 點問題：

　　1. 你想到達何種財務境界？
　　2. 你有多少時間到達這個境界？
　　3. 你目前的財力如何？
　　4. 何種工具能給你機會，準時到達那種境界？

　　且讓我們逐一檢視這些問題。

你想到達何種境界

　　第一，就財務方面，你想到到達何種境界？設定財務目標，就像選擇旅遊目的地。你利用自己的錢，試圖前往某處。

你是在努力達成某種目標，而且，瞭解自己的目標，意味著妥善的錢財管理。如果你不知道自己想前往何處，你將不知道如何到達該處。你也不知道如何避免過程中的風險，或想辦法將風險降至最低。

第二，你有多少時間，到達你想要的境界？為求抵達財務終點，要以你自覺的緊急程度來判定所需時間。再說一次，這就像規畫旅行。一旦看出你還得走多遠，對於自己所需的時間，你可能覺得很充裕。或你可能需要給自己更多時間，也可能有必要調整目標，以符合你的截止期限。

你的時間軸是什麼

在投資操作方面，時間是重大因素。時間與目標間的關係，總是在你的規畫裡占有一席之地。如果你要花 5 小時長途跋涉約 800 公里，那麼，比起同樣有 5 小時，卻只需旅遊十分之一的距離，你的旅程規畫將有所不同，請務必審慎思量。金錢也是如此。你必須知道要走多遠、在何時抵達。這是唯一辦法，讓你創造一份明智計畫，前往該處。

你目前的財務狀況

你目前的財務狀況為何？此時此刻，你能投入多少金錢，朝著目標邁進？你的起始點是什麼？關於此事，答案有兩部分：第一是你的淨值，也就是「你所持有的一切事物總價值，

減去你所需償付的債務」；第二是你的每月現金流，顯示出你的月收入與支出模式。

藉由以上答案，可迅速一窺你的生活有多少金源進出。一旦這項資訊清晰明瞭，即可開始做出決定。比方說，若你想創造 200,000 美元的被動收入遺產，你可能會想，現在可以挪出多少錢來達成這項目標。你的退休金計畫可能有 25,000 美元，儲蓄帳戶有 15,000 美元。你不想挪用退休金存款，但或許你可以從儲蓄存款提撥一些錢，投入某項金融工具，裨益你的繼承人。

你該如何達成目標

在可用時間內，什麼樣的金融工具可讓你達成目標？規畫旅行時，你必須知道要跋涉多遠，以及要花多久時間，才可抵達。只要有了該項資訊，再選擇工具和路徑，應當顯而易見。投資與遺產的規畫決策也會變得清晰，你只需要明白自己的遺產目標，也要熟悉用來幫助你前往目的地的工具。

人壽保險也是工具之一

人壽保險是其中最重要的必備工具之一，幫助你達成長期的財務目標。或許看似了無新意，也不振奮人心，但人壽保險

確實是極為有效，為你的繼承人提供一份遺產的方法。由於保險種類各有不同，保險給付形式也不同，請仔細閱讀我們接下來的文章。這不只能為你省錢，也可增加繼承人最後所收的金額。

在你過世後，人壽保險提供資金給你的家人，或實質上你所指定的任何人。你指定的人選稱為「受益人」（beneficiary）。至於受益人如何使用這筆錢，並無任何限制，不論是用來還債、支付喪葬費用、遺產稅、大學學費或任何預期開銷皆可。

基本上，人壽保險的保險範圍有兩類。「個人保險」（Individual coverage）僅屬於你自己，而且由你自行購買，不論是透過經紀人或直接向保險公司投保皆是。你也可能有辦法購買「團體保險」（group coverage），或由你的雇主等其他組織提供。一般而言，團保費用較為便宜。

探索你的保單選項

在團體保險和個人保險這兩種類別裡，還有兩種基本型的保單：「定期保險」（term insurance）與「永久保險」（permanent insurance）。如果你在特定時間期限內（也就是保單期限內）死亡，定期保險會給付。如同汽車險和房主保險，**定期保險僅在你繳付保費期間為你提供理賠**。基於這項理由，定期保險比永久壽險還要便宜。定期保險有 3 種不同種類：

1. 「可轉換定期壽險」（Convertible Term Insurance）：你隨時可把保單轉換成永久壽險。不需要提供醫療體檢報告，但會因你年紀漸增而提高保費。

2. 「定額定期壽險」（Level Term Insurance）：讓你基於期限長度，每年繳付相同金額的保費。若你在這段期限內死亡，你的受益人有資格獲得相同金額的給付。在保單期限尾聲，如果你還想續保，你的保費可能會提高，因為你已變老了。

3. 最後則是「遞減定期壽險」（Decreasing Term Insurance）：提供死亡撫恤金，但價金隨著時間過去而逐漸遞減。整個期限內，保費通常維持不變。

永久保險通常比定期保險還要貴。不同於定期保險，只要按時繳款，此類永久保險將會持續有效，直到受保人死亡為止。永久保險可能也含儲蓄特色，聚積「備付金」（cash reserve），在你尚存於世時，可以動用這筆款項。事實上，如果備付金的數額充足，你也可以使用這筆現金來繳付保費。永久保險也有 3 項種類：

1. 「終身壽險」（Whole Life Insurance）：繳付固定保費，換得固定金額的死亡撫恤金。也具有儲蓄現金的特色，隨著時間推移，為你提供一份備付金。

2.「萬用壽險」（Universal Life Insurance）：較具彈性。隨
著你的需求改變，你可以變更保險的金額。若要進行某
些變更，可能需要醫療體檢報告。

3.「變額人壽保險」（Variable Life Insurance）：將你某部
分保費投資於股市、債券和貨幣市場基金。有利面是你
的投資若績效良好，能提供較大筆的備付金。不利面是
投資可能有風險。有時這份保單會保證最低現金價值
（cash value），但這不太常見。大多數保險業者保證最
起碼的死亡撫恤金，雖然這項金額可能不是你原本希望
收到的數目。「萬用壽險」的保費和死亡撫恤金具有彈
性，「變額人壽保險」具有投資彈性和風險，而「變額
萬能壽險」（Variable Universal Life Insurance）結合兩者
特性。

選擇你要投保的類型

哪一種保險最佳？幸運的是，對大多數人而言，答案淺顯
易見：「定期保險」最佳。但在我們解釋原因前，務必要先稍
微近看「定期保險」與「終身壽險」的差異。終身壽險是最受
歡迎的永久保險種類。

基本差異是，定期保單的保險範圍僅限壽險。**只要受保人
死亡，即支付保單承保面額給指定受益人**。你選購的定期保單
期限可為期 1 年到 30 年。另一方面，**終身壽險結合了定期保**

單與投資要素。這項投資可以是債券和貨幣市場工具，或是股票。此類保單建構了現金價值（cash value），供人申請保單借款。

終身壽險很貴，部分原因是你也在投資。如果這些保單是優良的投資工具，這項額外費用似乎非常值得，但通常並非如此。保險代理人（insurance agent）喜歡把這些保單稱為「退休計畫」，卻避口不談其實還有更多較佳的退休儲蓄方式。

這些保單抽取高額手續費和佣金，而此類成本費用是從年度收益裡扣除。再加上，保單還須預付前期佣金（upfront commission），通常是你第一年保費的百分之百。更糟的是，通常不可能分辨出投資報酬率與你所繳付的錢有多少是流向保險、有多少是流向投資。

終身壽險還有另一項問題，那就是僅有專家才可分辨，你所持的（或正在考慮中的）保單是否將會成為相當不錯的投資。終身壽險保單幾乎從不產生合理收益，除非持有保單長達20年或更久。所以若你買了終身壽險，要有心理準備，需要長期繳納款項。

對於年紀最多約50歲左右的健康人士來說，定期保險的保費十足便宜。超過50歲後，保費開始逐步遞增變貴。終身壽險保單也是同樣道理，儘管60歲以上需要保險的人別無其他替代選擇，僅能購買終身壽險。大多數公司不會出售定期保單給65歲以上人士。

這項資訊很複雜，卻也很寶貴。如果不確定是否已完全瞭解，這裡有個簡單方式，幫你抓住箇中要旨。祕訣在於「終身」一詞。千萬別終其一生都在買終身保險！這就是你真正該知道的事。

考慮利用信託保管遺產

壽險肯定是一項被動收入資源，但由誰從這項資源獲益，你不一定清楚。比方你是受保人，同時也是保單持有人，一旦你死亡，保險金款項將受到遺產稅的約束。但如果你將所有權轉移至「人壽保險信託」（life insurance trust），保險金將完全不會被扣遺產稅。

遺產稅有時被稱為「死亡稅」（death tax），依照贈與金額而呈現差異。截至本文為止，按照美國的稅率範圍，10,000 美元以下的贈與物要扣 18% 的稅率，超過 100 萬美元的贈與物則是要扣高達 40% 的稅率[*]。所以，有了人壽保險信託，可為巨額遺產省下數十萬美元。然而，這類安排有幾項缺點：

---

[*] 根據台灣法規，106 年 5 月 12 日後，遺產淨值 1,200 萬為免稅額；5 千萬以下課徵 10%，5 千萬至一億元課徵 15%，超過一億元則課徵 20%。加上扣除額與不計入遺產總額的金額，每位被繼承人的財產及家屬狀況不同，依照現行最多的家庭狀況，若遺有一位配偶及二位成年子女的狀況之下，不必課稅的金額約略為 2,000 萬元。

缺乏彈性

比方說，你無法變更保單受益人。事實上，這項信託本身就是法定受益人。只有受託人才有權利，而你不能擔任自己人壽保險信託的受託人。你當然可以為這項信託指定幾個受益人。但在這項人壽保險信託成立後，即無法變更這項指定，因此，你將缺乏彈性，倘若家庭情勢生變，即無法以這份特殊保單來應對。

不可撤銷

其次，人壽保險信託絕對無法撤銷。一旦已成立信託且投入資金，你無法撤回保單。若因健康問題而無法受保，你先前允諾這項信託成為你唯一壽險，這項承諾仍將不變。

需要一名受託人

第三，你必須找到或雇用一名受託人。再次重申，你無法自行擔任自己人壽保險信託的受託人。也就是說，你將有必要找到或雇用一名第三方受託人，通常是該項信託所在地點的銀行。幸運的是，許多銀行和信託公司皆為人壽保險信託降低服務費，因為這些信託基本上並不涉及投資決定。

儘管有這些缺點，許多人發現，人壽保險信託的節稅潛力很值得耗費額外氣力。這項信託容許你從遺產挪用巨額資產，而在你有生之年，你不太可能取用這筆資產。況且，這可確保

壽險保險金款項百分之百會留給你的受益人，而非流向聯邦政府。至於一般的遺產規畫，特別是在保險信託方面，可向銀行員或律師洽詢更多資訊。

想法梳理

針對打造遺產的這條路，我們已探討人們所面對的某些障礙。但願我們已經看出這有多麼重要，以便闖過這些障礙。我們提到心理面或情緒面的議題，並解開問題，導入理應純粹合乎邏輯的決策。所以本章大致上要用左腦思考，剖析透澈。結語是我們課程的最後總結，內容大不相同。結語時我們會從非常不同的觀點，看待財富、收入和財務自由。

結語
看待財富與快樂的關係，決定你有多自由

　　我們的旅程行至終章。在第 1 章裡，我們花了一些時間，討論被動收入的定義和主要目的。我們判定，被動收入的定義其實並非富裕，而是財務自由。這項定義並不是指「有力量做一切事情」，反而是在說「擁有自由，不再被迫而為」。雖然一般人可能認為，財富就是要駕駛豪華名車、到國外度假，但本書這些章節所列的目標較不浮誇，且受到絕大多數有錢人的認同。

　　2010 年，泰勒大眾出版集團（Taylor Trade Publishing Group）出版了一本名為《原來有錢人都這麼做》（*The Millionaire Next Door*）的書。前幾年，這本書登上暢銷書排行榜。湯瑪斯・史丹利（Thomas Stanley）與威廉・丹柯（William Danko）是這本書的作者。

　　他們發現，大多數百萬富翁其實就跟你的鄰居沒什麼兩樣。這些富翁不會搭機環遊世界，早餐也不是魚子醬。大多數人住在一般鄰里街區的普通房子裡。換句話說，他們量入為出，節儉度日。他們的生活方式既不窮酸吝嗇，但也不會極盡奢侈。而且他們覺得存錢就跟賺錢一樣很有樂趣。他們透過

大量閱讀、自我進修，也向財務顧問尋求建議，非常認真從事投資理財。然而，典型的百萬富翁並非具有顯赫學歷。絕大多數這些人沒有企管碩士學位或其他進階學位，有些人沒讀過大學，而少數人甚至只有高中肄業。

這本書進一步指出，大多數有錢人都是自雇者或是公司負責人。他們不喜歡為別人工作，以往大多曾獨力奮鬥，獲致成功。有絕大多數的百萬富翁沒有家族金援，也沒打算留太多錢給子女。他們希望子女仿效父母，白手起家，功成名就。

關於這些有錢人，以下這件事實最引人注目：他們的生活幸福快樂，對目前生活知足惜福，也安然承擔未來。畢竟，人只要有錢，哪有不快樂的道理？但深入探究問題，到底他們是因為有錢才快樂，或因為感到快樂才變得富有？

為求透視被動收入觀點，這個問題的解答非常重要；不管是對你自己的人生，或對你的後代而言都是如此。在本書最後，我們探討「幸福快樂」與「被動收入」間的關聯，也一窺你能做什麼事，強化這項關聯。

成為有錢人，就能永遠幸福快樂？

在我們的社會裡，大多數人認為「只要有錢，就會快樂」，鮮少有相關研究能夠證明此點。不過在 2003 年，美國加州大學

柏克萊分校（University of California at Berkeley）進行一項重大研究，表示金錢與快樂間的財務成份關聯，其實因人而異。一如這項研究所言：「我們確實發現，在一群高度基於外在觀感為價值取向的人之中，收入多寡具有正向關聯，能產生幸福感和滿足感。」講白一點，就是如果你重視金錢可以買到的事物，那麼錢就能使你快樂。

但如果有人較不重視外在物質觀感，又會如何？在你的人生裡，假如你最看重的是個人成就感、創造力或追求身心靈療癒，金錢真的能讓你快樂嗎？

這時，金錢不但無法讓你快樂，反而可能使你哀怨憂愁。舉個例子，假如有人選擇某項職涯，完全是因為自認這樣可以致富；確實成功致富後，他們可能非常快樂。但如果有人選擇志業，僅是為了幫助全人類讓世界變得更美好，無論如何，他們也變得有錢了，卻可能因此覺得價值觀相當混淆。事實上，他們反而會十分消沉。若有人強烈重視工作，只因為他們享受其中或工作帶來成就感，在這些人之中，比起賺到相對少錢的人，那些賺較多錢的人反而較不快樂。

即使是在自己正職以外的人生領域，為了從事自認喜歡的工作而收到金錢報酬，也可能讓這份工作變得較不那麼愉悅。在生活裡，我們的成就感和個人獎勵感其實非常脆弱，金錢很輕易就能擾亂這種感覺。人人皆有基本需求，覺得猶如自己的行動是經過自由選擇。我們全都需要認為自己並非僅是為了錢

財而行事，除非我們確實如此。簡言之，如果我們選擇出賣原則，這是一回事。但倘若我們覺得，彷彿未經抉擇就被出賣原則，感覺又會大不相同，也相當糟糕。

錢愈多，問題愈多

如你所料，隨著你一路攀升財務階梯，錢財的負面副作用變得日益明顯。成為百萬富翁後，原本賺錢只求溫飽的人，對於一筆意外之財，會有不同感覺。有較高收入的人，心理面與情緒面的需求開始頂替物質面的必需品。所以，你在財務方面變得更加成功，在其他方面，反而就必須更加小心。

再次重申，這項戒律具有牽連意涵，不僅是為了我們自己的人生，也是為了後人著想，因為我們留下遺產，希望能幫助他們。在人生裡，能從富豪叔叔繼承巨額金錢，通常是件好事，但事實並非總是這麼好。實際上，在人的一生中，除了財務，還有其他價值觀存在。賺到了錢，對這些價值觀會有什麼影響？對此，我們必須覺察，該如何打造自己的人生。以泰勒（Tyler）的故事當作例子：

我總是努力追求兩個不同目標。一個目標是我的工作，另一目標則是工作之外的人生。我見過不少創業家對此深感混

淆，一旦某人是為了自己而投入工作，他們就會把自己的財務目標與個人目標混為一談。所以，我總認為，我的事業只有一個目標，就是要賺錢。為了實現此道，我必須開發客戶，留住客戶。畢竟，如果賺不了錢，生意就會歇業，你無法壯大營運，也束手無策，一切就完蛋了。

我個人的目標則較為多元化。我想提早退休、體驗工作滿足感、職業保障、財務自主，也想要成為自己的老闆。但我現在發現，原本以為這些皆是個人目標，其實全都與工作有關。好奇怪，因為我一向非常在意如何把事情分門別類，這就是為什麼，我總是試圖致力打造我的事業，而非在事業裡工作。

我的事業是為人訂製招牌，但不是由我製作，我雇用別人來製造招牌。我在外面工作，招攬生意，花時間與客戶和潛在顧客周旋。我總是能察覺哪些人可能有理由想買，並與他們洽談，就算對方沒有立即下單，在未來的某個時間點也會想買。

由於我看出了『致力於事業』與『在事業裡工作』兩者間的差異，我知道，若要事業成功，員工是不可或缺的一環。在某種程度上，我對待員工，猶如對待我的顧客；唯有把員工看成最佳顧客，他們才會極度善待你的顧客。若員工受到很差的待遇，他們也會這樣對待你的顧客。我的公司某月銷售額第一次超過20萬美元，那時我全額支付員工旅遊費用，招待我公司裡的每個人去拉斯維加斯（Las Vegas）當作酬謝。

身為創業家，我一向認為，領導人角色極為重要。領導人

與員工彼此互信互賴、相互依靠，以此經營事業。許多公司負責人對公司的產品或服務瞭若指掌，卻欠缺其他事業技能。有些人不是優秀領導人或管理者，而其他人則是不肯支付相應報酬，求得合適人才。

在投資操作方面，我現在可以看出，我喜歡分門別類的傾向反而礙事。我想透過股票，為自己開發某些被動收入，也想為家人投資共同基金。我陷入某個重大問題，害我慘賠。我以為可以把全部事務交由投資經紀人處理，正如我把事業交由員工代為運作。我還認為，只要能找到聲譽卓著的人，並支付頂級酬勞給對方，我就可以全然放手，繼續做我的事，就像以前那樣。但結果並非如此。我一看到結果，實在非常失望。

整體來看，投資項目績效絕對沒有優於市場績效。如果我只是依道瓊平均指數來投資，我自己來做就可以了，還能省下我付給顧問的大筆服務費。

如果你的投資項目旨在取得被動收入，除了事業和私人生活這兩項分類，你還必須把投資項目看成第三項分類。不可以把這件事等閒視之，因為這是全然獨立的事。所以你必須學會，要如何不過度浪費，即可花時間在上面，尤其是在一開始，付諸行動，學會如何導引這個方向。縱使一開始沒有任何金錢流入，至少你有自信，你目前處於正軌。

肯定自己的技能和目標

在某項領域，你功成名就且才智過人，如果因此就相信自己在所有其他領域也是所向披靡，這也會出問題。泰勒顯然運作了一套系統，在事業面成效良好，但卻無法把相同模式套用到投資項目裡。他工作非常勤奮，思維非常活躍，但他誤解了被動收入的真義。**只有在你是被動收錢時，就這個意義而言，你才算是被動。**一開始就把投資項目交由某人代為處理，然後或多或少就忘了這些事，這不算被動。

《原來有錢人都這麼做》這本書說過，有錢人喜歡研讀，掌控自己的投資項目。祕訣在於要學會從事此道，卻不會把它變成另一項全職工作。這種作法鐵定辦得到，不過，如同席拉（Sheila）的發現，有時候要花一些錢，才可學會精通此道。以下是她的故事：

俗話說：「需要乃發明之母。」果真如此。自從得知自己懷孕了，我就明白，自己想待在家裡照顧寶寶。我不想重返職場。我絕對想要待在家裡，也想賺錢補貼家計。其實我也必須兼職賺錢。我們住在這個地區，現實正是如此。

於是，我每天上網查詢，想找在家兼差的工作。然而我卻發現，合法在家兼差的工作機會少之又少。詐騙的工作機會很多，但真實的工作機會卻很少。看到某本寶寶雜誌封底有在

315

家兼差工作廣告，我甚至打電話詢問，不過他們也是詐騙。所以，最後我想出了自己的主意。

從最初開始，我很肯定這個主意行得通。也是打從一開始，我的目標就是要把這件事轉為一項被動收入。如此一來，我就能夠補貼家計，不需花費大多數時間工作。我知道一切不會突然發生，而我也明白這不會花很長時間。我對這個主意非常有自信。

在我懷第一胎時，我對胎教和嬰兒感官刺激很有興趣，尤其是古典音樂對於寶寶生長發展的影響。我花了很多時間，上網查詢有關懷孕、產前護理和產前發育的事。有一次，我到某個「準媽咪論壇」網站，這些孕婦正在討論播放古典音樂給胎兒聽。我想到了一個主意，可以結合兩種興趣：渴望與寶寶一起待在家裡，以及我對嬰兒生長發展和感官刺激的重視。

在那個時候，關於寶寶出生後的 12 個月到寶寶 3 歲之間的發展，眾說紛紜。針對嬰兒感官刺激和胎教，我開始查找差異化的產品。我還想到那些裝滿小型試用品的寶寶禮物籃，通常大家都會買這個，因為想不到其他東西。這些東西不值多少錢，只是一些小罐子裝的乳液和粉劑。可是卻要花費大約 60 美元，將一籃物品寄給親友。我所有親戚在寶寶出生後都有收過一籃小物品。大家花費這麼多錢寄送這些物品，可是卻沒人想用這些東西。

所以我認為，我能夠湊合幾樣東西，對寶寶產生實質助

益，最好是有長期好處。我的主意是，放入一張古典音樂光碟片，再加上其他一些生長發展玩具。這些物品的價格經濟實惠，一開始只賣 20 美元。以這些禮物套件展開事業，相當不錯。禮物套件內含 10 樣東西，其中 5 樣是給寶寶使用，而另外 5 樣是禮物。隨著事業日漸茁壯，產品內容物也愈來愈多。並且，我能夠將我的品牌授權給本州幾乎每家醫院的禮物店，遠比預料得還要早。我很肯定，這項生意將會拓展至其他州。同時，我的家庭有了相當可觀的被動收入來源，也可從中存下不少錢。

席拉與許多創業家不同，儘管她的商業經驗有限，也或許正是因為她的經驗不太夠，她真的成功了。她對事業也非全心全意致力而為，這一點不太常見。她不想奉獻整個人生到這項事業，只是想要產生一些收入，以自己真正想要的方式來運用時間。打從一開始，她也極為有自信，認為將來能夠達成目標。對於創造被動收入而言，這正是理想心態。

敞開心胸，發掘周遭機會

席拉結合自我肯定與冷靜沉著，但並非人人如此。不過在這個情況裡，她的付出得到了良好回報。有人曾說：「成功並

非總是攸關克服困難，有時成功攸關發掘簡易性。」不一定非得艱難行事。很多事甚至能夠帶有樂趣。務必敞開心胸，接納宇宙不時在你眼前展開的契機。說不定你會發現，一切得來不費吹灰之力。或如同珍妮絲（Janice）的例子，機會就在教室裡。來看看她的故事：

　　三十年來，我任職於《財富》前 100 大企業其中一家公司的機械工程部門。退休後，我無意賦閒在家，也不會釣魚或打高爾夫球。於是，我在本地社區大學擔任數學老師。每一天，我都傾囊相授，要讓學生理解數學。但每節下課時，所有學生都額外提問，讓我應接不暇。他們的目標是要轉學到州立大學，所以極為注重獲得最佳成績。

　　我耗費許多空閒時間，與學生一對一教學。這類需求實在太強，我不得不當全職家教，使全部學生都能學會。然後，我有個點子，想開創一項事業，符合學生額外求助的需求。但我僅是一個工程師和老師，不是創業家。我通曉自己的領域，但我以前只是大型組織的某個員工。關於事業的開創和管理，我根本毫無頭緒。

　　我花了一年時間，核實是否有競爭對手。有些公司僅靠仿效另一家公司，略帶單一的差異性，就能獲致成功；我對這種方式一直深感興趣。一樣都是通訊設備，手機如何有所不同？是否有人因為特別偏愛某家航空公司而選擇航班？買家會依照

價格和便利性，做出主要的購物決定；所以我決定強調這一點。我想推廣我的家教服務，當作一種鄰里事業。既然我有許多客戶是來自社區大學，我的第一個員工也是畢業自這個體系。他們這些人已經成功轉學到州立大學，而我有許多學生也想如此。

在這家大學附近，我租了一間小型的臨街店面，開幕時，已有 4 名學生報名上課。不久後，我還提供數學、英文、特殊教育和經濟學等課程。我也在其他地方開設學習中心，皆是位處某個社區大學附近街區範圍內。就像溫蒂漢堡在麥當勞對面開店一樣。4 年後，我現在已雇用 30 位家教老師，在接近考試時雇用更多老師因應。我從未打廣告宣傳。學生彼此口碑相傳，成為我的客戶。

截至我生涯的此時此刻，我的目標已與先前大不相同。若要長話短說，最終我想賣掉這項事業。我想再開設幾家附屬分部，然後由其中一個國內家教組織收購我的事業。我的追隨者非常多，不論是誰買下我的事業，肯定擁有該區相當大的市占率。所以我很有自信，將來能夠達成這項目標。

從這項收購賺到收入後，我想拿去投資，並為子女帶來被動收入。我的子女已經是中年人，有家庭和小孩要養。我希望他們存下這筆收入的某部分，或用來投資，但一切其實全由他們決定。我知道他們很煩惱小孩未來的大學教育費，所以也希望某部分的錢是流向此處。我也希望他們深入探究這家社區大

學體制的好處，這就是對我最好的回報了。

　　珍妮絲與大多數創業家非常不同。與其努力找到商業機會，這個機會似乎自己送上門來。她自己本身不需要收入，不論是被動收入或其他方式皆是。她只想要有能力幫助家人邁向遙遠未來。這是實質意義上的遺產，與金錢有關，也與幸福快樂有關。

找到自己的樂土

　　史奴比漫畫裡的查理・布朗（Charlie Brown）曾說：「幸福就像隻溫暖的小狗。」美國有一半的心理勵志書說：「幸福快樂是種宛如華倫・巴菲特的淨值。」至於另一半的心理勵志書則說：「幸福快樂來自內在平靜，以及每週一次的瑜珈課。」所以，幸福快樂到底是什麼？成就感是什麼？人們大致上要怎樣運用錢財？特別是在被動收入方面？

　　在美國與其他工業化國家裡，通常是有了財富，才有幸福快樂。經濟學家測量消費者信心指數，其數字說明了國家進展和公共福利的程度。國內生產毛額被例行用來當作國家幸福安康的速計法。

　　但某些地方採行截然不同的途徑。比方說，喜馬拉雅山有

個小國叫「不丹王國」，國家的優先排序不是國內生產毛額，
而是國民幸福總值（Gross National Happiness, GNH），也稱為
「國民幸福指數」。不丹國王已經制定政策，目標是要盡量提高
這項測量數字。也就是說，要散布福利，將富人慣常所得的利
益擴及整個社會。這也意指質疑財富本身的意義。

在全世界，經濟學家、社會科學家、公司領導人和官方人
員正在開發新方式，衡量生活品質。這些不但將金錢流量列入
考慮，也提供管道，實施健康照護、與親友共度閒暇時光、
節省天然資源，以及其他非經濟性的因素。目標是要為「幸福
快樂」一詞給予更豐富的定義。畢竟，正是《美國獨立宣言》
（*Declaration of Independence*）那幾位簽署人將這一詞謹記在
心，他們將「追求幸福快樂」包括在內，成為不可剝奪的權
利。這件事與自由和生命本身同等重要。

「幸福快樂」一詞被納入宣言，卻無一致認同這種情況如
何發生，可就太不值得了。早期某份草案提到「生命、自由和
財產權」，就好像是置身於科羅拉多州（Colorado）某輛休旅
車或二手屋裡一般。但幸福快樂終究勝過一切。

1970 年代早期，這類注重幸福快樂和成就感的相似概念也
風行一時。當時有一本書《小即是美：一本把人當回事的經濟
學著作》（*Small Is Beautiful: Economics As If People Mattered*），
成為紅透半邊天的暢銷書；作者是出生於德國的英國經濟學家
E.F. 修馬克（E.F. Schumacher）。此書結尾突然提到石油危機，

緊接著爆發消費者導向的經濟成長。個人與聯邦政府引發赤字支出，撐持這樣的成長，一直持續到今日。

儘管如此，許多專家說，這種爆炸性的物質主義終究引導我們前往另一個方向。早期眾人會奮力爬出貧窮深淵，不論是對家庭或國家而言，收入與滿足感以同樣速度增長。一旦超過某個點，年收入約大於 30,000 美元的等值後，即不再持續感到幸福快樂。甚至更引人注意的是，超過了某種程度的財富後，人們顯然會重新定義幸福快樂，也意味著重新定義財富。

想法梳理

本書目的是要向各位介紹「被動收入」的概念，也提出一些創造被動收入的可靠方式，並延續下去。看起來似乎有某種演化機制，驅使人類實現遠比以往還高的目標。在美國，先人曾以激進行為，迫切求得倖存，而我們已超越了這點。這是人們面臨的新處境。然後問題轉為一旦增加收入不再是最重要的因素，我們要如何提高生活品質？

為了提高收入、創造新的收入形式和資源，請記住以下幾件事：透過智慧財產權，投資你自己——善用網路的賺錢機會、要買能夠產生收入的不動產、明智投資股市、投保一些壽險保單。但千萬不要在這條路上的任何一點時停下，真正的財務自由才是終極目的地。你自己踏出去的每一個前進腳步，都是為了打造財務自由。

只有你才有資格說，財務自由的最後樣貌是如何，或到達何種境界才算財務自由。因為在每個人心中，各自有各自不同的終點。

資料來源

　　書中某些內容，原先刊登在《起步創業》第七版（*Start Your Own Business*, Seventh Edition）（創業家媒體，2018 年）、《網路上的月光》（*Moonlighting on the Internet*）（創業家媒體，2016 年）和 entrepreneur.com。要閱讀全文，可點入以下連結網址：

1. Allen Moon. Entrepreneur contributor. "How to Start a Business Online." www.entrepreneur.com/article/175242

2. R.L. Adams, Entrepreneur contributor and founder of WanderlustWorker.com. "How Social Media Marketing

3. Generated $7 Million in Affiliate Sales for This Entrepreneur." www.entrepreneur.com/article/294084

4. Justas Markus, Entrepreneur guest writer and blogger. "13 Easy Investment Apps and Websites for Millennials." www.entrepreneur.com/slideshow/300579

5. Brian Hughes, Entrepreneur guest writer and CEO of Integrity Marketing and Consulting. "Two Strategies for Making Money Day Trading with a Bit Less Risk." www.entrepreneur.com/article/278184

6. R.L. Adams, Entrepreneur contributor and founder of WanderlustWorker.com. "15 Property Management Tips for

Entrepreneurs Seeking Passive Income from Real Estate." www. entrepreneur.com/article/304577

7. Nicolette Amarillas, Entrepreneur Guest Writer and Founder of Expansive Voice. "How to Turn Your Side Hustle Into a Full-Time Gig." www.entrepreneur.com/article/315497

8. Sarah Max, Entrepreneur contributor. "Direct Selling Goes Social, Retools for Millennial Generation." www.entrepreneur. com/article/242306

9. Devlin Smith, Entrepreneur contributor. "Seven Tips for Network Marketing Success." www.entrepreneur.com/slideshow/299715

10. Kim Lachance Shandrow, Entrepreneur contributor. "10 Questions to Ask When Franchising Your Business." www. entrepreneur.com/article/247594

11. Mark Siebert, author of Franchise Your Business and The Franchisee Handbook. "The Nine Advantages of Franchising." www.entrepreneur.com/article/252591

翻轉學系列 041

實現財務自由的被動收入計畫

不再用時間、勞力換取金錢，打造自動賺錢的多重開源大全

The Power of Passive Income: Make Your Money Work for You

作　　者	南丁格爾－科南特集團（Nightingale-Conant）
譯　　者	葉子
總 編 輯	何玉美
主　　編	林俊安
責任編輯	鄒人郁
封面設計	FE 工作室
內文排版	黃雅芬

出版發行	采實文化事業股份有限公司
行銷企劃	陳佩宜・黃于庭・馮羿勳・蔡雨庭・曾睦桓
業務發行	張世明・林踏欣・林坤蓉・王貞玉・張惠屏
國際版權	王俐雯・林冠妤
印務採購	曾玉霞
會計行政	王雅蕙・李韶婉・簡佩鈺
法律顧問	第一國際法律事務所　余淑杏律師
電子信箱	acme@acmebook.com.tw
采實官網	www.acmebook.com.tw
采實臉書	www.facebook.com/acmebook01

Ｉ Ｓ Ｂ Ｎ	978-986-507-174-5
定　　價	380 元
初版一刷	2020 年 9 月
劃撥帳號	50148859
劃撥戶名	采實文化事業股份有限公司
	104 台北市中山區南京東路二段 95 號 9 樓
	電話：(02)2511-9798　傳真：(02)2571-3298

國家圖書館出版品預行編目

實現財務自由的被動收入計畫：不再用時間、勞力換取金錢，打
造自動賺錢的多重開源大全 / 南丁格爾－科南特集團 (Nightingale-
Conant) 著；葉子譯 – 台北市：采實文化，2020.9
336 面；14.8×21 公分 . --（翻轉學系列；41）
譯自：The Power of Passive Income: Make Your Money Work for You
ISBN 978-986-507-174-5（平裝）

1. 個人理財　2. 投資

563　　　　　　　　　　　　　　　　109010575

采實文化　采實文化事業股份有限公司

104台北市中山區南京東路二段95號9樓

采實文化讀者服務部　收

讀者服務專線：02-2511-9798

THE POWER OF

PASSIVE INCOME

MAKE YOUR MONEY WORK FOR YOU

實現財務自由的
被動收入計畫

不再用時間、勞力換取金錢，
打造自動賺錢的多重開源大全

南丁格爾—科南特集團 **Nightingale-Conant** —— 著

葉子 —— 譯

翻轉學系列專用回函

系列：翻轉學系列041
書名：**實現財務自由的被動收入計畫**

讀者資料（本資料只供出版社內部建檔及寄送必要書訊使用）：

1. 姓名：

2. 性別：□男　□女

3. 出生年月日：民國　　　　年　　　　月　　　　日（年齡：　　　　歲）

4. 教育程度：□大學以上　□大學　□專科　□高中（職）　□國中　□國小以下（含國小）

5. 聯絡地址：

6. 聯絡電話：

7. 電子郵件信箱：

8. 是否願意收到出版物相關資料：□願意　□不願意

購書資訊：

1. 您在哪裡購買本書？□金石堂　□誠品　□何嘉仁　□博客來

　　□墊腳石　□其他：＿＿＿＿＿＿＿＿＿＿＿＿＿＿（請寫書店名稱）

2. 購買本書日期是？＿＿＿＿＿年＿＿＿＿＿月＿＿＿＿＿日

3. 您從哪裡得到這本書的相關訊息？□報紙廣告　□雜誌　□電視　□廣播　□親朋好友告知

　　□逛書店看到　□別人送的　□網路上看到

4. 什麼原因讓你購買本書？□喜歡理財類書籍　□被書名吸引才買的　□封面吸引人

　　□內容好　□其他：＿＿＿＿＿＿＿＿＿＿＿＿＿＿＿＿＿（請寫原因）

5. 看過書以後，您覺得本書的內容：□很好　□普通　□差強人意　□應再加強　□不夠充實

　　□很差　□令人失望

6. 對這本書的整體包裝設計，您覺得：□都很好　□封面吸引人，但內頁編排有待加強

　　□封面不夠吸引人，內頁編排很棒　□封面和內頁編排都有待加強　□封面和內頁編排都很差

寫下您對本書及出版社的建議：

1. 您最喜歡本書的特點：□實用簡單　□包裝設計　□內容充實

2. 關於商業管理領域的訊息，您還想知道的有哪些？

＿＿＿

＿＿＿

3. 您對書中所傳達的內容，有沒有不清楚的地方？

＿＿＿

＿＿＿

4. 未來，您還希望我們出版哪一方面的書籍？

＿＿＿

＿＿＿

翻轉學

翻轉學

翻轉學

翻轉學